나 홀로 읽는
도덕경

나 홀로 읽는
도덕경

최진석 지음

시공사

차례 /

2부 나 홀로 읽는 도덕경

이 책은 『도덕경』을 공부한다는 한 독자로부터 시작되었습니다.
혼자서 『도덕경』을 읽어보고 있다는 그녀를 직접 만나 『도덕경』에
대한 다양한 질문들에 대답한 시간을 담아낸 것이 이 책 『나 홀로
읽는 도덕경』이 되었습니다. 여기에 제 나름대로 『도덕경』 이해에
중요하다 싶은 질문과 대답도 덧붙여보았습니다.

『노자의 목소리로 듣는 도덕경』이 나온 이후, 많은 분으로부터
노자의 사상에 좀 더 쉽게 다가갈 수 있는 책을 쓰면 좋겠다는 말
을 들었습니다. 이 책이 바로 그런 책이 될 수도 있겠습니다.

아무리 높은 평가를 받는 고전이라도 숭배의 대상이 될 필요는
없습니다. 숭배하지 않기 힘들겠지만, 어떻게 해서든 자신을 키우
는 연료로만 사용해야 합니다. 고전은 소장하는 것이 아니라 차라
리 소비하는 것이 낫습니다. 소장자보다는 소비자가 더 주체적이
고 독립적으로 읽을 수 있습니다. 이것을 '홀로 읽기'라고 해보죠.
이제 친절한 안내와 도움 없이 홀로 읽는 일에 도전해볼 필요가 있
습니다.

『도덕경』의 내용 중 우리가 꼭 알아야 할 내용을 묻고 답하는 대화 형식으로 푼 것을 1부에 놓고, 어떤 주와 해설도 없는『도덕경』원문과 번역문을 2부에 놓았습니다. 1부를 먼저 읽고 2부를 읽을 수도 있고, 용감하게 2부를 먼저 읽고 1부를 나중에 읽어도 좋습니다. 모쪼록 노자 사상의 정수인『도덕경』의 새로운 독서 체험을 하는 계기가 되었으면 합니다.

짧은 시간 내에『도덕경』의 핵심을 이해하는 데에 이 책이 도움을 줄 수 있을 것입니다. 끝으로 긴 시간 대화를 나눠준 '『도덕경』을 공부한다는 독자'였던 휘민 선생님께 감사드립니다.

2021년 봄

최 진석

1부

묻고 답하는 도덕경

도덕경을 읽기 전에

질문은 덕의 활동에 가깝습니다.
자신이 자신으로 존재할 때 나오는 힘,
즉 궁금증과 호기심이 밖으로 튀어나오는 일이죠.
이 세상에 나온 모든 새로운 것들, 모든 위대한 것들은 거의 다
질문의 결과로 나왔다는 것을 기억할 필요가 있어요.

노자는 누구이고
도덕경은 어떤 책입니까?

최근에 노자의 사상에 관심이 생겨 『도덕경』을
공부하고 있는데, 저처럼 홀로 노자 공부를
시작한 사람들의 첫 번째 질문은
가장 기본적인 것에서 시작되리라 봅니다.
노자는 누구입니까?
그리고 『도덕경』은 어떤 책인가요?

노자는 춘추전국시대의 사상가, 좀 더 따져서 말하면 춘추 시기 말부터 전국 시기 초 사이에 살았던 사상가입니다.* 사마천司馬遷의 『사기史記』에는 성은 이李이고 이름은 이耳이며 자는 담聃이라고 나옵니다. 주周나라의 국립도서관 격인 장서실藏書室을 관장하던 사관史官이었습니다. 『사기』에는 노자老子도 나오고, 노래자老萊子도 나오고, 태사담太史儋도 등장하는데 이중에서 누가 진짜 노자인지 의견이 분분하기도 합니다. 노자는 한 사람이 아니라 여러 명이라는 얘기도 있고요.

그런데 여기서 사마천의 글쓰기 방식을 잘 파악해야 할 필요가 있습니다. 사마천은 당시 이런저런 이야기로 전해지는 거의 모든 사람들에 대해 자신이 전해 들은 바대로 남김없이 기록했습니다. 저는 노래자나 태사담은 노자가 아니라 당시의 다른 사람들일 것이라고 봅니다. 노자가 실존 인물인가, 아닌가 하는 논쟁도 있지만 저는 노자가 실존 인물이라고 믿어요. 역사서에는 노자가 대단히 자주 등장합니다.

노자는 오랫동안 주나라에 살다가 나라가 망해가자 살던 곳을 떠납니다. 국경의 관문에 이르자 관문을 지키던 윤희尹喜가 노자에게 이렇게 청합니다. "은거하러 떠나시는 길이지만 제게 말씀을 남기고 떠나주십시오." 이에 노자는 두 권으로 된 5천 자 책을 써주었습니다. 책을 남기고 관문을 빠져나가 어딘가로 떠나갔는데, 그 후로 그의 행적을 아는 사람이 없었다고 해요. 이래서 그는 우리에게 다소 신비로운 사상가로 남게 됩니다. 이 얘기는 지금 생각해보면 믿을 만하기도 하고 믿기 어렵기도 해요.

분명한 것은 5천 자 『도덕경』이 있었다는 것입니다. 이것이 중요한 점입니다. 전해져 내려오다가 어떨 때는 문장 순서가 달라지기도 하고, 중복되어 쓰이기도 하고, 발췌본으로 전해지기도 하죠. 저는 『사기』의 이 기록을 근거로 처음부터 노자에 의해 5천 자 『도덕경』이 쓰였다고 믿습니다

---

* 춘추전국시대는 기원전 8세기에서 기원전 3세기에 이르는 중국 고대의 변혁시대로, 춘추시대는 기원전 403년까지, 전국시대는 그 이후부터 진나라가 통일한 기원전 221년까지를 가리킨다.

대답은 이미 있던 이론과 지식을 먹었다가 누가 요구할 때
그대로 다시 뱉어내는 기능적 활동이지만,
질문은 자신이 자신으로 존재할 때 나오는 힘입니다.

노자가 살았던 춘추전국시대는
어떤 시대입니까?

『도덕경』을 이해하기 위해서는 먼저 노자가 살았던
시대의 맥락을 이해해야 합니다.
중국 역사상 가장 오랜 분열기였고 이른바
'제자백가의 시대'로 불리는 시대, 노자가 살았던
춘추전국시대를 우리는 어떻게 이해해야 할까요?

우선 인류의 역사에 과격한 변화가 몇 차례 있었다는 것을 짚고 넘어가야 할 것 같습니다. 제일 처음의 변화는 불의 사용이고, 두 번째 변화가 철기 사용인데 이 철기 문명이 몇천 년간 계속돼요. 그러다가 산업혁명이 세 번째 과격한 변화로 일어납니다. 즉 철기 혁명과 산업혁명 사이에는 그다지 결정적으로 과격한 변화가 없었던 거죠. 그다음이 4차 산업혁명이라 부르는 지금입니다.

그런데 저는 증기나 전기 등으로 이루어진 혁명 전 진보를 첫 번째 산업혁명이라 보고, 지식 정보를 기반으로 한 새로운 형태의 산업이 전개되는 지금을 두 번째 산업혁명이라고 봅니다. 첫 번째 산업혁명까지는 보이는 것이 힘인 시대였는데, 지금의 산업혁명은 안 보이는 것이 힘인 시대입니다. 이것은 엄청나게 과격한 변화예요. 문명의 변화가 궁금하다면, 불을 사용하면서 인간이 얼마나 달라졌는가, 철기를 사용하면서 우리 삶이 얼마나 달라졌는가, 산업혁명을 통해서 인류문명이 얼마나 달라졌는가를 자세히 들여다보면 될 겁니다. 그리고 지금의 4차 산업혁명으로 우리가 얼마나 큰 폭으로 변화할 것인가를 짐작할 수 있을 거예요. 앞으로는 생산 방식과 생산 수단의 변화가 야기하는 변화의 진폭과 과격성이 더 커질 거예요.

저는 인류 역사상 가장 혼란스러웠던 때를 춘추전국시대로 봐요. 이 시대를 혼란으로 몰고 간 가장 중요한 동인은 철기의 발명입니다. 석기나 청동기가 산업의 주역이었다가 철기로 바뀌면서 생산력이 급격히 증가하고, 계급들 사이에 안정적으로 존재하던 지배·피지배 구조에 균열이 오면서 사회가 급격한 변화에 휩싸이게 된 것이죠. 지배 계급이 과거의 피지배 계급처럼 쪼그라들고, 피지배 계급이 지배 계급 행세를 할 만큼 세력이 커졌습니다.

그럼 당시 사람들은 그 시대를 혼란스럽다고 여겼을까요? 아마 혼란을 혼란이라고 인식하지 못했을 것입니다. 아무리 혼란스러운 시대라도 인간은 습관처럼 일상을 살아가는 것이 보통이거든요. 혼란을 온전히 체감하기는 매우 힘들지요. 만일 먼 후대 사람들이 지금 우리의 역사에 대해 쓴다면 아마도 춘추전국시대만큼 혼란스러웠다고 쓸 거예요. 춘추전국 시대 '철기'의 역할을 하는 것이 현대에는 바로 '컴퓨터'입니다. 컴퓨터가 주역으로 등장하면서 생산의 방식이나 유통 구조 내지는 잉여 생산물의 축적 경로가 예전과 판이하게 달라질 뿐만 아니라 지식의 생산과 유통도 빠르게 달라지면서 계급 구조가 크게 뒤틀리게 됩니다. 이에 따라 정치의식이나 정치적 욕구도 달라져, 사회가 급격한 변화에 휩싸이게 되는 것이죠. 그렇지만 일상 속의 주체들이 이 새로운 변화로 야기된 혼란 전체를 경험하기는 쉽지 않아요. 그때도 쉽지 않았을 겁니다.

그 시대의 주체들은 철기에 적응해가는 세력과 적응하지 못하는 세력으로 나뉘어요. 완전히 새로운 생산 도구인 철기에 적응하는 세대는 소외 계층이었던 소인小人이었죠. 철기에 잘 적응하지 못하는 세대는 기득권 세력인 군자君子들이었고요. 그러니까 춘추전국시대의 혼란은 군자와 소인 간의 주도권 다툼으로 볼 수 있겠죠. 춘추전국시대 변화의 전체적인 방향은 군자의 권력은 줄어들고 소인의 권력은 커지는 것이었습니다.

그러다가 소인 계급의 권력이 커져서 구 귀족인 군자 계급의 권력을 완전히 제압할 때가 왔다고 판단하여 일으킨 일종의 마무리가 바로 진시황始皇帝의 통일이에요. 이렇게 철기가 산업에 투입되어 구질서가 무너져가고 새 질서는 아직 형성되지 않은, 진시황의 통일 이전 시기, 이 정치적 혼란기가 춘추전국시대입니다. 철기로 형성된 새로운 계급 구조를 반영한 새 질서로 새로운 정치 시스템을 구성한 것이 바로 진시황의 통일입니다.

현대에도 컴퓨터로 상징되는 새로운 생산 수단에 잘 적응하는 세력과 적응하지 못하는 세력 간의 갈등이 있어요. 앞으로의 세계는 새로운 생산 수단에 잘 적응하는 집단의 권력은 커지고, 그렇지 못한 집단의 권력은 줄어드는 방향으로 전개되겠죠.

그러니까 노자나 공자孔子는 철기가 산업에 투입되면서 야기되는 과격한 계급 변동의 시대를 살았던 겁니다. 그들은 그런 변화 속에서도 일상의 속박으로부터 한발 물러나 자신들이 살던 그 시대를 자세히 관찰한 사람들이죠. 어떤 한 사람이 언제, 어디서, 무엇을 하면서 살았는지도 중요하지만 어떤 태도로 살았는지도 굉장히 중요합니다. 노자나 공자는 그런 일상으로부터 거리를 두고 자신들이 사는 시대를 지적인 태도로 자세히 관찰할 수 있는 예민함을 가졌던 사람들이에요. 이런 사람들을 철학자, 시인, 예술가, 과학자라고 하지요. 지적 예민함으로 무장한 관찰자들, 그 시대를 자세히 관찰하고 그 시대가 어떻게 새롭고 더 나은 사회로 진화할 수 있는가를 고민하는 사람들인 겁니다.

동양철학은 노자 이전에
어떠했습니까?

서양철학과 대비되는 동양철학의 역사에서
노자의 자리는 어디쯤 될까요?
제자백가 이전에도 동양철학이 융성했습니까?

사실 철학philosophy이라는 방법론은 원래 동양에는 없던 거예요. 철학은 서양에만 있던 방법론이에요. 동양에서는 아편전쟁 이후에 받아들인 거죠. 당시 중국은 서양과의 전쟁에서 패배한 원인을 찾다가 서양의 우수성을 최종적으로 두 가지로 정리했어요. 바로 과학과 철학이었습니다. 그때부터 중국은 서양을 극복하기 위해 과학과 철학을 대폭 수용하고 따라 배우죠. 일본이 중국보다 훨씬 빨랐고요.

그런데 동양에도 철학이라는 방법론으로 해석할 수 있는 사상적 자원이 있었습니다. 그래서 동양철학이라는 신조어가 생겨요. 그리고 노자와 공자는 동양에서 첫 번째 철학자가 됩니다. 동양철학은 철학적인 방법론으로 동양의 사상 자원을 다루는 학문이라 말할 수 있어요. 엄밀히 따지면, 철학으로 태어난 생각과 철학으로 대우받는 생각은 다른데, 서양철학은 철학으로 태어난 것이고, 동양철학은 철학으로 대우받는 중이라고 할 수 있지요. 이 사실은 우선 정서적으로 받아들이기 어려울 수도 있을 것입니다. 하지만 감성이나 감정이 아니라 지성으로 보면 사실이에요. '추상'이라는 개념을 잘 이해해야 정서적 거부감 없이 이 사실을 이해할 수 있을 것입니다.

그럼 철학이라는 방법론을 누가 제일 먼저 만들었는가. 만물의 근원은 물이라고 말한 탈레스Thales예요. 그는 이렇게 말하면서 철학의 아버지로 등극합니다. 여기서 중요한 것은, 만물의 근원이 물이라는 이 말이 화학적으로 혹은 물리적으로 참인지 아닌지 가리는 게 아닙니다. 이 말이 인간이 신으로부터 독립하는 첫 선언이라는 점이 중요한 것입니다. 탈레스 이전의 모든 사람은 만물의 근원을 신이라고 믿었어요. 그런데 탈레스는 이 관습적인 믿음으로부터 이탈해서 만물의 근원이 물이라고 생각해낸 거예요. 이 명제는 신의 계시나 믿음이나 집단적 확신에서 나온 것이 아니라 오로지 탈레스의 생각하는 능력에 의해 나온 것이라는 점이 중요합니다. 철학적인 의미에서 보면, 탈레스의 '만물의 근원은 물이다'라는 이 명제는 인간이 처음으로 '믿음'에서 벗어나 '생각'을 시작했음을 보여줍니다. 그래서 탈레스를 최초의 철학자라고 하는 거죠.

그럼 노자와 공자를 동양 최초의 두 철학자라고 말하는 이유는 무엇일까요? 이들은 이미 있던 믿음 체계가 아니라 스스로 생각하는 능력으로 말하기 시작한 사람들이에요. 철학의 등장은 믿음의 시대에서 생각의 시대로 넘어온 것을 의미해요. 믿음의 시대에 높은 수준의 생각을 써놓은 것이 신화, 인간의 시대의 높은 수준의 생각을 써놓은 것이 철학입니다. 공자나 노자를 철학자라고 하는 것은, 둘 다 신에 대한 믿음으로부터 독립했다는 의미가 제일 강해요. 천명을 극복하려고 덤빈 것이죠. 역사와 시대의 주도권을 인간을 초월한 존재로부터 빼어 와서 인간에게 선물한 사람들입니다.

서양에서는 중세시대에 다시 신의 시대로 돌아가잖아요. 중국에서는 춘추전국시대라는 철학의 시대를 지나 한漢나라 때 다시 '천인감응론天人感應論'이라는 관념으로 표현되는 신의 시대로 돌아가요. 그런데 서양 중세나 중국 한나라 때의 신은 그 이전의 신과는 많은 차이가 있죠. 중세시대나 한나라 때의 신은 인간의 해석 능력 안으로 들어온 신이에요. 인간의 이성으로 해석되는 신인 거죠. 이것도 인간의 지위가 상승한 것으로 봐야 해요. 그 이전까지 신은 인간의 해석 능력을 벗어나 인간 위에서 무섭게 존재했으니까요.

사상과 철학은
어떻게 다릅니까?

말씀을 듣고 보니 동양철학은 아편전쟁 이후에
형성된 신흥 학문이었군요. 그렇다면
사상과 철학은 어떻게 구별할 수 있을까요?

사상과 철학은 서로 비슷한 것 같아도 층위가 아주 달라요. 마치 기술과 과학이 서로 층위가 다른 것과 마찬가지지요. 동아시아에는 예부터 기술은 발달했지만 과학은 없었어요. 중국에는 세계 최초라는 지위를 성취한 것들이 많지요. 나침반, 화약, 종이, 비단 등등. 그런데 이런 것들은 기술이지 과학이 아닙니다. 인류의 진화 정도에서 기술이 핵심일 때는 중국이 세계에서 차지하는 비중이 매우 컸지만, 진화 정도가 과학의 단계로 진입하자 급속도로 힘이 빠진 것이죠.

동아시아는 전체적으로 과학의 시대에 적절하게 반응할 수 있는 과학적 사고를 준비하지 못하고 있었던 것입니다. 과학적 사고는 원리적인 측면이 특히 강합니다. 나침반이나 화약이나 종이는 어떤 상위의 보편적인 원리가 구체적으로 실현됨으로써 출현한 것이 아니죠. 좁은 범위에서 반복적이고 기능적인 조합을 통해서 발명된 것들입니다. 화약을 만들 때 적용되던 이론이 만일 화약 이외의 다른 것들에도 적용될 수 있으면 그것을 '원리'라고 합니다. 중국의 화약은 이런 '원리'에서 나오지 않았습니다. 그래서 과학이 아니라 기술인 거지요. 이용주 교수가 쓰고 2020년 3월에 성균관대학교 출판부에서 출간한 『세계관 전쟁』이라는 책이 있어요. 제1장에서 중국에 과학이 있었는지에 관한 당시 중국인들의 논쟁을 잘 정리해놓았습니다. 참고하시기 바랍니다. 여기에는 중국에 과학이 있었다는 주장도 있지만, 저는 그것들이 국수주의적 심리에서 나온 주장에 불과하다고 봅니다. 이 부분도 최소한 기술과 과학을 구분하고, 인간이 행하는 중요한 지적 활동인 '추상'이 무엇인지 이해해야 알 수 있을 것입니다.

사상Thought은 인간이 살면서 판단과 추리를 거쳐 갖게 된 의식 내용이자 어느 정도 통일성을 갖춘 인식 체계이고, 사회 및 인생에 대한 일정한 견해입니다. 사상은 보편적으로 적용 가능한 원리라기보다는 일정한 범위 안에서의 주장인 경우가 많습니다. 철학은 인간과 세계에 대한 근본 원리와 삶의 본질 등을 따지면서, 세계가 어떻게 존재하는지, 어떻게 알 수 있는지, 앎은 어떤 경로를 겪는지, 그리고 어떻게 행위해야 하는지 등이 서로 연관성을 갖고 체계를 이룬 고도의 추상적인 사유입니다. 예를 든다면, 신채호 선생님 같은 분은 사상가이지 철학자는 아니시죠. 사상보다는 철학이 훨씬 철저한 인식이자 추상적인 인식입니다. 사상은 철학보다 덜 보편적이고, 철학은 사상보다 더 보편적이죠.

철학과 사상은 층위가 다릅니다. 추상 정도에 따른 층위죠. 더 추상적일수록 더 원리적이지 않나요? 현실적인 효용성으로 보면 사상이 더 직접적인 것으로 보일 수 있고, 철학은 더 간접적인 것으로 보일 수 있죠. 그런데 지적인 수준과 추상적인 정도로 보면 철학이 사상보다 훨씬 높고 정밀하고 체계적이에요. 철학은 추상 사유를 할 수 있어야 해요. 핵심은 추상이에요.

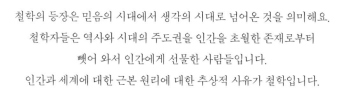

철학의 등장은 믿음의 시대에서 생각의 시대로 넘어온 것을 의미해요.
철학자들은 역사와 시대의 주도권을 인간을 초월한 존재로부터
빼앗어 와서 인간에게 선물한 사람들입니다.
인간과 세계에 대한 근본 원리에 대한 추상적 사유가 철학입니다.

도덕경 판본이 여럿인
이유는 무엇입니까?

『도덕경』은 죽간본, 백서본, 하상공본, 왕필본 등
여러 판본이 존재하는 것으로 알고 있습니다.
선생님의 책을 읽어봐도 각각의 판본에 따라
내용이 달라지는 것을 여러 번 확인할 수 있었습니다.
『도덕경』에 이렇듯 다양한 판본이 존재하는
이유가 무엇인지 궁금합니다.

여러 가지 이유가 있습니다. 우선 서사書寫 재료의 변화와 관련이 있어요. 처음에는 길쭉하게 자른 나무나 대나무 조각 위에 썼고, 다음에는 비단 위에 썼어요. 그다음에는 종이에 썼지요. 죽간본竹簡本은 대나무 조각에 쓴 판본이고, 백서본帛書本은 비단에 쓴 판본이라는 뜻이죠. 그리고 또 시대마다 서체가 달랐어요. 죽간본은 대개 전서체篆書體로 썼어요. 한나라 때는 예서隸書로 썼고요. 여기에는 필기도구의 변화도 영향을 미쳤을 거라고 봐요.

다음으로 생각해볼 것이 동양의 독특한 글쓰기 방식이에요. 동아시아에서는 어떤 책을 해설하는 형식에 기대 자기 생각을 쓰는 것이 중요한 글쓰기 방식이었어요. 성현의 글을 읽고 자기만의 견해를 붙여 주석을 다는 방식으로 글을 쓰는 거지요. 하상공河上公도 『도덕경』을 해설하는 형식으로 자신의 생각을 피력했고, 왕필王弼도 마찬가지로 『도덕경』을 해설하는 형식으로 자신의 생각을 피력했지요. 그래서 하상공본이 있고, 왕필본이 따로 있는 것입니다.

또 하나의 이유는 소위 동양철학은 이데올로기적 성격이 더 강하다는 데서 찾을 수 있어요. 그래서 시대에 따라 어떤 책은 경經의 대접을 받지만, 어떤 책은 경의 대접을 받지 못하기도 해요. 예를 들어 『장자莊子』도 쓰인 지 몇백 년 동안은 계속 『장자』였어요. 그러다가 당나라 초기에 와서 『남화경南華經』이라 불리며 비로소 경의 반열에 들지요. 경의 반열에 들었다는 것은 그 시대를 지배하는 중심 이데올로기가 되었다는 거예요. 그 사회를 통일적으로 지탱하는 사상이 됐다는 뜻입니다.

부차적인 이유로는 '피휘避諱'를 꼽을 수 있어요. 유방劉邦이 한 나라의 황제가 되잖아요. 그러면 그때부터는 누구도 유방의 이름인 '방邦' 자를 쓸 수가 없어요. 그래서 『도덕경』의 어떤 판본은 나라를 표현할 때 '방邦'이라고 쓰고, 어떤 판본은 '국國'이라 쓰는 거예요. 만약 '방'이라고 쓰인 판본이 있다면 유방 이전에 쓰였을 가능성이 크지요. '국'이라고 쓰였다면 아마도 유방의 시대에 쓰였을 가능성이 크겠지요?

그리고 이때까지는 아직 인쇄술이 발달하지 않았습니다. 나중에 목판본이나 금속활자가 나온 이후엔 텍스트가 고정되었지만 이때는 아직 그런 틀이 없을 때였어요. 그래서 그때그때 쓰는 사람의 입장에 따라 글자가 다르게 쓰이기도 한 거죠. 예를 들어 '공성이불거功成而不居'라는 표현이 왕필본에는 '성공이불거'라고 돼 있어요. 그러면 앞의 것은 공이 이루어진다고 해석되고, 뒤의 것은 공을 이룬다고 해석되는 거예요. 그러니까 인간의 주동력을 어떻게 보느냐에 따라서 글자의 순서가 달라질 수 있는 겁니다. 인간의 주동력을 긍정적으로 보기 시작하면, '성공이불거'로 쓸 수밖에 없겠지요.

이렇듯 『도덕경』의 판본이 여럿인 데는 다양한 원인이 있어요. 시대나 그것을 쓰는 사람의 사상에 따라서 조금씩 달라졌고, 서사 재료, 필기도구와 기본 서체, 인쇄술의 변화도 주요 요인으로 작용했다고 정리할 수 있어요. 『도덕경』의 판본은 오랜 시대를 거치면서 다양한 형태로 오늘에 이르고 있는 것입니다.

노자나 공자는 철기가 산업에 투입되면서 야기되는 과격한
계급 변동의 시대를 살았습니다. 그런 변화 속에서도 일상의 속박으로부터
한발 물러나 자신들이 살던 바로 그 시대를 자세히 관찰한 사람들이죠.

노자와 공자의 사상은
어떻게 다릅니까?

노자와 공자의 사상은 여러모로 대조적입니다.

천명을 극복하고 인간의 길을 세우고자 했으며

덕을 중심으로 세계를 보려 했다는 점을 보면

애초의 의도는 같아 보이는데 노자의 길과

공자의 길은 어떻게 달라졌을까요?

일단 두 사람은 다른 환경에서 살았습니다. 살던 지역이 달랐고, 그러다 보니 다른 문화 속에서 살았죠. 하던 일도 달랐고요. 그래서 아마 서로 다른 시각을 갖게 되었을 것입니다.

공자 사상의 출발점은 인간입니다. 이와 달리, 노자 사상의 출발점은 객관적인 자연이지요. 공자의 조상은 은나라 유민이었고 그는 주로 남의 집 제사를 지내주는 일을 하면서 먹고살던 집안에서 성장했습니다. 공자의 사상은 그런 집안의 내력과 연관이 있을 것입니다. 공자는 인간의 문제를 자세히 관찰할 수 있는 환경 속에서 살았습니다.

노자는 주나라 왕실도서관 관장이었어요. 사관 출신이었죠. 당시 사관의 직무는 왕의 정책이나 행동에 대해 자문을 해주는 것인데, 그런 일을 수행하려면 역사에 밝아야 했어요. 과거의 사례를 통해 미래를 예측해주는 일을 해야 하니까요. 그리고 그 시대는 많은 것을 자연에 묻던 때였어요. 자연이 교과서였지요. 그러니까 노자는 역사와 자연 현상을 자세히 관찰하는 사람일 수밖에 없었을 거예요. 공자가 주관적인 정감에 매우 친숙했던 사람이었다면, 노자는 주관적인 생각보다는 객관적인 사실에 매우 친숙했던 사람이었습니다.

살던 지역 환경도 달랐어요. 공자는 비교적 북방으로 분류되는 노魯나라 출신이고, 노자는 남방의 초楚나라 출신이죠. 초나라는 굴원屈原*의 고향이기도 하죠. 초나라는 내내 도가적道家的인 경향이 매우 강했던 지역입니다. 공자나 노자의 사상에는 자신들이 살던 지역 문화적인 특색이 잘 반영되어 있습니다.

여기서 유념해야 할 것이 있습니다. 철학이 서양의 방법론이라고 말했잖아요. 동양의 사상 자원을 철학이라는 서양의 방법론으로 다루는 거지요. 특히 중국은 헤겔 변증법의 영향을 받아 공자의 사상을 하나의 테제[正]로 두고 노자의 사상을 공자에 대한 안티테제[反]로 해석해왔죠. 그런데 제가 연구해보니 그게 아니에요. 사상의 내용으로 보면 공자 사상이 더 신흥 학문이에요.

문화적인 연원을 따지면 공자는 은나라 문명을 계승하고, 노자는 그보다 앞선 하夏나라 문명을 계승하는 양상을 보여요. 하나라는 물과 달을 숭상하는 모계 중심적 사회였어요. 그러다가 은나라 때부터 왕권, 지배권을 강조하면서 태양을 숭배하는 남성 중심적 사회로 변모하는 거죠. 하나라 때는 지도자는 있었는데 지배자는 없었어요. 지배자라는 개념은 은나라 때부터 생겨요. 하나라 때는 문자도 결승문자結繩文字** 같은 최소한의 것만 써요. 은나라 때부터 갑골문***이 쓰이면서 문자적 계승이 이루어지지요. 하나라 때는 물빛을 검은색으로 봤어요. 물을 숭상했기 때문에 검은색이 기준 색이 돼요. 반면에 은나라 때는 태양을 중심으로 삼았기 때문에 흰색을 기준 색으로 정해요. 노자 사상에는 모계 중심적인 특색과 여성 숭배 사상이 있는데 이게 전부 하나라 문화의 특성이에요. 공자 사상이 남성 중심적이고 군주권, 지배권을 강조하는 것은 은나라 문화의 영향 때문입니다. 사상의 특징으로 보면, 노자의 사상이 공자의 사상보다 더 먼저 있었던 문화를 계승합니다.

나이도 공자보다 노자가 더 많아요. 이런 사실들로 봤을 때 공자와 노자의 관계를 테제와 안티테제로 보는 것은 무리가 있어요. 노자와 공자는 앞서거니 뒤서거니 하면서 동시대를 산 사람들입니다. 노자와 공자는 같은 시대를 살면서 같은 시대의식을 가지고 서로 다른 생각을 한 사람들로 봐야 합니다. 그러니까 둘은 거의 동시에 출현한 대립적 사상가로 봐야 해요. 만약 테제와 안티테제로 본다면 오히려 노자 사상이 테제가 되고 공자 사상이 안티테제가 돼야 해요. 그것이 역사적으로 더 맞습니다.

* 전국시대 초나라의 정치가·시인으로 초사楚辭라는 운문 형식을 처음 시작했고 대표작으로 『이소離騷』, 『어부사漁父辭』 등이 있다. 모함으로 뜻을 펴지 못하다가 강에 투신하여 생을 마감했다.
** 새끼줄 등의 매듭을 지어 기호로 삼은 문자.
*** 거북의 배딱지나 짐승의 뼈에 새긴 상형문자.

노자와 공자는 인간을
어떻게 바라봤습니까?

노자와 공자의 사상은 인간을 바라보는 관점에서도
확연히 달라지는 듯합니다. 노자의 인간관과
공자의 인간관은 어떻게 달랐습니까?

공자는 인간을 미완성의 존재로 봐요. 그래서 이상적인 기준을 세우고 학습을 통해서 쉼 없이 부족함을 채워가야 한다고 보지요. 그렇지만 노자는 인간이 갓 태어난 아기, 즉 적자赤子일 때 완전한 상태라고 말합니다. 성철 스님이 이런 말씀을 남기셨어요. "성불한다는 것은 부처가 된다는 것이 아니라 자기가 원래 부처였다는 것을 아는 것이다." 일반적으로 부처가 된다는 것은 미숙한 내가 부단히 단련해서 부처라고 하는 매우 이상적인 높이에 도달하는 거라고들 하잖아요. 그런데 성철 스님은 그렇게 보지 않았던 거예요. 노자도 비슷합니다.

만약 우리가 어떤 보편적인 이념을 가장 높은 단계의 선으로 정해놓는다고 가정해보세요. 그러면 항상 그것을 기준으로 자신을 평가하게 되니 행복할 사람이 거의 없을 거예요. 그런데 자기가 완전함을 이미 품고 있다고 생각한다면 자기 자신을 따뜻한 시선으로 대할 수 있고, 또 그런 태도로 삶을 살 수가 있겠지요. 자기를 판단하는 기준이 외부에 있는 어떤 것이 아니라 바로 자신이 되는 거예요. 기준이 외부에 있으면 외부의 것과 경쟁하고, 기준이 자기 자신이면 어제의 자신과 경쟁하죠. 노자는 바로 이런 태도가 있어야 큰 것을 이룰 수 있다고 보는 거예요. 당연히 더 행복해질 것입니다.

네가 너를 믿지 않고 될 일이 하나도 없다, 그런데 믿음의 대상이 된 너는 이미 완전한 존재다, 이런 말입니다. 그래서 근본으로 돌아간다[歸根]거나 본성을 회복한다[復性]와 같은 개념이 도가에서 중요한 거예요. 이와 달리, 공자에게는 밖에 있는 좋은 것을 받아들이고[學] 부단히 반복하여 익혀[習] 내면화하는 것이 중요합니다. 노자는 인간에게는 본래 타고난 자연적인 본성이 있는데 그걸 잃어버린 채 살아가니 회복해야 한다 하고, 공자는 인간은 본래 미숙한 존재이기 때문에 학습學習해야 한다고 보는 거예요. 이런 차이는 필연적으로 생겨날 수밖에 없어요. 노자와 공자의 세계관이 다르기 때문입니다.

그러나 노자가 인간의 자연적인 본성을 강조했다고 해서 현실과 통치를 기피한 것은 아닙니다. 먼저 중국의 통치 시스템을 짚고 가죠. 중국 춘추전국 시기 통치 시스템은 지방분권적 시스템에서 시작해서 중앙집권적 시스템으로 전개됩니다. 그러니까 지방분권형 통치 시스템이 먼저 있었던 거예요. 봉건제封建制가 바로 지방분권형이었죠. 공자의 사상은 지방분권형보다는 중앙집권적 시스템에 맞는 체계였어요. 중앙집권을 최초로 구현한 것이 진시황의 군현제郡縣制였죠.

앞서 말했듯 춘추전국 시기 사상의 중심은 노자 사상이었습니다. 그 시대의 정치 시스템이 지방분권이었으니 그에 맞는 노자 사상이 더 적극적인 역할을 했다는 거예요. 중앙집권적 통치 시스템을 주장하는 공자의 사상은 당시로서는 신흥 학문이었어요. 전국 시대 중기에 직하학稷下學이라는 이름으로 사상 통일 운동이 전개될 때도 노자 사상이 중심이었습니다. 공자나 맹자孟子의 사상이 오히려 주변 사상이었어요. 이런 내용은 천구잉陳鼓應이라는 학자가 강력하게 주장합니다. 제가 번역한 그의 저서 『노장신론』을 읽으면 좀 더 체계적으로 이해할 수 있을 것입니다. 그런 측면에서 보자면 진시황 때까지는 노자 사상이 퇴색해가는 과정이자 공자 사상이 성숙해가는 과정이라고 할 수 있어요. 물론 법가는 노자 사상의 현실화였죠. 공자의 사상은 진시황이 죽고 나서 65년 후 한漢 나라의 무제武帝 때 비로소 통치 이데올로기로 채택됩니다.

중국은 오랫동안 통일과 분열을 반복해왔어요. 통일될 때는 공자식 사상이, 분열될 때는 노자식 사상이 당대의 주류 사상이 되었습니다. 왕권이 강화되는 시기에는 공자의 사상이 떠오르고, 반대로 왕권이 약화될 때는 노자의 사상이 부상하는 식이지요. 이 두 사상이 길항하듯 중국을 움직여왔어요. 공자식 사상과 노자식 사상이 사실상 중국 역사와 사상을 절반씩 나눠 가졌지요.

이를테면 마오쩌둥毛澤東과 덩샤오핑鄧小平 중 마오쩌둥은 공자에 가깝고, 덩샤오핑은 노자에 가까워요. 노자는 실용주의적 속성을 보이고 공자는 이념주의적이고 가치론적 특성을 보이기 때문에 그렇습니다. 그러니까 노자는 지방분권적이고 실용주의적으로 통치 시스템을 강화하려 한 것이지, 결코 현실 도피적이고 소극적인 철학자는 아니었어요. 노자와 공자 모두 통치에 관심을 가지고 사상을 전개한 철학자들이지만, 지방분권적이냐 중앙집권적이냐로 달라졌던 겁니다.

노자의 표현 방식은
어떻습니까?

노자의 『도덕경』을 읽다 보면 마치
한 편 한 편이 시 같다는 느낌을 자주 받습니다.
수사학은 저자의 사유와도 깊은 연관이 있기
마련인데 노자가 이러한 표현 방식을
선택한 의미는 무엇일까요?

『도덕경』은 시처럼 쓰였을 확률이 크다고 봅니다. 산문은 논문체에 가까워질 가능성이 크고, 시는 운문체나 노래에 가까워질 가능성이 크죠. 산문은 항상 논증적이고 설명적이에요. 격으로 따지면 소리 쪽으로 열려 있는 시가 산문보다 훨씬 높은 경지에 있다고 말할 수 있어요. 『도덕경』을 이야기할 때는 항상 『논어論語』와 비교하게 되는데, 저는 『도덕경』은 통치자의 위치에 있는 사람들이 읽고, 『논어』는 중간 관리자 위치에 있는 사람들이 읽으면 좋은 책이라고 생각해요. 사유의 높이나 구성의 힘으로 볼 때는 시적인 것이 산문적인 것보다 훨씬 수준이 높기 때문입니다.

거두절미하고 바로 직관과 통찰에 이르게 하는 언어의 힘이 『도덕경』에 있어요. 산문은 글 자체로부터 직접적인 감동을 얻기가 쉽지 않아요. 산문을 통해 우리는 의미를 발견하고 또 의미를 전달하려고 하는데 사실 이런 방식은 대단히 폭력적이라고 볼 수도 있어요. 한 가지 해석만 강요하는 것일 수도 있고요. 시가 산문보다 수준이 높다는 것은 읽는 이 나름대로 의미를 구성하게 하는 측면이 강하기 때문입니다. 다시 말해 해석의 여지가 활짝 열려 있는 것입니다. 시를 읽을 때는 독자가 자유롭게 그 의미에 색깔과 떨림 같은 것을 부여할 수 있지만, 산문은 그럴 수 있는 가능성이 훨씬 덜하지요.

『논어』는 문답식으로 이루어져 있어서 메시지가 아주 분명해요. 이견이나 다른 해석이 존재할 가능성이 크지 않죠. 노자의 『도덕경』이 시적이라는 것은 열린 텍스트라는 거예요. 그 의미의 넓이와 두께가 다르게 해석될 가능성이 상대적으로 크죠. 의미를 전달하는 메커니즘이 『논어』와는 전혀 다른 형태예요. 즉 텍스트에 대해 개방적인 태도를 취하는 노자가 독자로 하여금 자기에게 맞는 어떤 두께와 색깔을 건축하게 할 가능성이 훨씬 크다는 것입니다.

저는 『논어』와 『도덕경』에서 가장 중요한 차이는 서술 형식에 있다고 봐요. 『논어』에는 늘 '자 왈子曰'이 등장해요. '말씀하셨다'는 포노센트리즘Phono-centrism, 즉 음성중심주의의 발로예요. 니체에 의하면 모든 언어 행위는 폭력이에요. 말을 한다는 행위에는 내 말을 받아들여라 하는 무의식적 폭력성이 내재해 있어요. 반대로 불경은 '여시아문如是我聞'으로 시작되는 경우가 많죠. '내가 이렇게 들었다'라는 뜻이에요. 이러한 태도를 보여주기에 '이렇게 말씀하셨다'보다 상대적으로 화자의 권력이 훨씬 약해져요.

『도덕경』 안에는 '노자 왈'이라는 말이 안 나와요. 대신 '시이是以'라는 말이 나오죠. 즉 자연이 이러하기 때문에 우리도 이러하자는 식의 표현입니다. 과감한 주어가 등장하여 자신의 말을 설파하는 문장이 거의 없어요. 그러니까 화자의 권력의지가 매우 약한 상태인 거죠. 화자가 자신의 권력의지를 약화시키니 자연스레 청자의 독립성과 자율성이 커져요. 그런데 '공자 왈'이라고 하면, 청자의 자율성보다는 화자에 복종해야 한다는 당위성이 암묵적으로 작동하는 거죠.

그러니까 노자가 『도덕경』에서 보여준 수사학은 메시지의 전달 방식 자체가 우리가 보기에 상당히 파격적인 겁니다. 그렇다고 해서 노자가 특별한 목적을 갖고 이렇게 쓴 것은 아닐 거예요. 그런 삶의 태도를 갖고 있는 사람이기에 자연스럽게 그렇게 되었던 거라고 봐요. 이처럼 노자와 공자는 세계를 대하는 방식과 태도가 서로 달랐어요. 그렇기에 말하는 태도도 달라지는 거예요. 사람은 그가 어떤 생각을 하는지, 또 세계를 어떤 태도와 입장으로 바라보는가에 따라 발화 형식이 달라질 수밖에 없어요.

정치적이고 감각적이고 정서적인 이해를 빼고 과학적이고 지적으로 이해를 해보자면 소설과 시 사이에는 분명히 높낮이가 있어요. 그리고 논증하는 사람과 이야기하는 사람 중에 저는 이야기하는 사람이 훨씬 높다고 봐요. 이야기하는 사람과 시적인 사람 사이에는 시적인 사람이 높고, 시적인 사람보다는 소리하는 사람이, 소리하는 사람보다는 춤추는 사람이 높고요. 그러니까 『논어』와 『도덕경』을 비교할 때 그것 자체만 놓고 보면 『논어』보다 『도덕경』이 격은 높은 거죠.

간단히 정리하면 『도덕경』은 시적이고 『논어』는 산문적이에요. 통치자의 언어가 강력한 힘을 발휘하는 경우, 하나하나 지시하지 않아도 듣는 사람으로 하여금 스스로 알아서 행동하게 할 수 있잖아요. 그게 노자가 보여주는 수사학의 특징입니다.

노자 사상과 법가 사상의
관계는 어떻습니까?

노자의 사상은 법가 사상에 많은 영향을 미쳤다고
알려져 있습니다. 도가와 법가는 얼핏 보기에
아주 달라 보이는데 노자 사상의 어떠한 면모가
법가 사상에 영향을 주었을까요?

노자 사상의 가장 큰 특징 중 하나가 전체주의적 지배력을 도모하지 않는 것입니다. 오히려 전체주의적 세계관을 강력히 비판하죠. 노자의 사상에서 전체주의적인 사고를 찾는 것은 노자가 살았던 시대에 대한 이해가 부족하기 때문입니다.

춘추전국시대부터 인간은 신으로부터 독립해 인간 스스로 역사의 책임자로 등장하잖아요. 신의 세계와 인간이 그리는 세계가 같을 수는 없죠. 신이 권력을 행사하는 방식에는 몇 가지 특징이 있어요. 첫 번째가 비의성秘義性, 의미를 감춰두고 있는 거예요. 신의 뜻을 감춘 채, 소수의 사람들이 권력을 행사하는 것이죠. 다음은 임의성, 신의 뜻이 일정하지 않고 그때그때 달라진다는 것입니다. 모든 것이 신의 뜻에 달려 있지요. 그다음은 주관성이에요. 신의 뜻은 매우 주관적입니다. 객관성과는 매우 다릅니다.

신으로부터 독립한 인간은 역사의 책임자로 행동하면서 비의성·임의성·주관성, 이 세 가지를 극복하려고 노력해요. 그래서 나온 게 권력의 작동에 적용해야 할 투명성·객관성·보편성이에요. 신으로부터 독립한 인간은 이 세 가지를 실현하고 충족시키는 방향으로 역사를 끌고 가지요.

공자는 '인仁'이라는 개념을 가지고 이 세 가지를 해결해요. 공자가 내세운 황금률이 '기소불욕 물시어인己所不欲 勿施於人'입니다. 도덕적으로 완성되고 싶으면 반드시 지켜야 하는 규칙인데, 자신이 싫어하는 것은 다른 사람에게 시키지 말라는 것이죠. 자신이 하기 싫어하는 것은 다른 사람도 싫어한다는 거예요. 그런 인식의 근거는 인간 모두에게 본질로 있는 '인'입니다. 공자는 모든 인간에게 보편적으로 공유하는 보편적인 토대, 즉 본질이 있는데 그것을 '인'이라고 합니다. 모든 인간은 공통적으로 '인'을 지니고 있기에 이 '인'을 매개로 서로 연결되어 있다는 거죠. 그래서 자신이 싫어하는 것을 통해서 다른 사람도 그것을 싫어할 수 있겠구나 하는 사실을 알게 된다는 것입니다. 말하자면 '인'은 다른 사람에게 열려 있고 알려진다는 의미에서 투명하고, 그것이 주관적인 감정에 의해서 달라지는 것이 아니라 공통의 본질에 기반한다는 점에서 객관적이며, 누구에게나 언제나 적용된다는 점에서 보편적이죠. 이렇게 해서 공자는 신의 세계의 속성이었던 비의성·임의성·주관성을 인간이 새로 여는 세계에 맞게 투명성·객관성·보편성으로 개편해낸 것입니다.

그런데 노자는 인간의 내면성이 아니라 객관적으로 존재하는 자연을 근거로 자신의 사상을 건립합니다. 자연은 객관적으로 존재하며 누구에게나 열려 있고, 주관이 개입되는 세계가 아닙니다. 노자는 자연을 사유의 원천으로 한다는 점에서 객관성과 투명성과 보편성을 공자보다 비교적 쉽게 확보합니다.

여기서 한 가지 주의해서 봐야 할 점이 있죠. 공자가 확보한 투명성·객관성·보편성은 '인'이라고 하는 인간의 내면성에 기반하고 있기 때문에, 그리고 주관적인 심성과 관련되기 때문에 완전히 객관적으로 검증하기는 어렵다는 것입니다. 공자를 이은 맹자도 인간의 본질을 네 가지의 마음 상태나 심리 현상, 즉 '사단四端'으로 설명합니다. 측은지심惻隱之心, 시비지심是非之心, 사양지심辭讓之心, 수오지심羞惡之心의 네 가지가 그것인데, 모두 마음의 상태, 즉 심리 현상이죠. 맹자는 동물에게는 없고 인간에게만 있는 이 네 가지 마음의 현상 때문에 인간이 동물이 아니라 인간이 되는 것이라고 말합니다. 그래서 이 '사단'이 인간의 본성이 되는 것이죠.

여기서 성선설性善說이 나옵니다. 사단도 내면적인 마음의 상태나 심리 현상이기에 주관적인 경향을 띨 수밖에 없어요. 마음의 상태는 객관화할 수 없으니까요. 주관적이라면 상대주의로 빠질 수도 있죠. 예를 들어, '측은지심'을 보죠. 어린애가 우물에 빠지려는 상황을 보면, 누구나 측은지심을 느낀다는 것이 맹자의 말인데, "나는 아기가 우물에 빠지는 것을 보고도 측은한 마음이 느껴지지 않는다"라고 말하는 사람이 나타나면 성선설은 지탱되기 어렵겠지요.

맹자는 '사단'을 하늘이 준 것이다, 혹은 하늘과 연결된 것이다라고 말함으로써 주관적 감정에서 야기되는 상대주의적 혼란을 이겨내려고 했죠. 여기서 철학적 퇴행이 발생하게 됩니다. 중국에서는 철학적 사유가 발생하고 나서, 줄곧 천명이라고 표현되는 하늘이나 신이 지배하는 세계관을 벗어나 인간 스스로 역사의 책임자로 등장하려는 노력을 기울여왔습니다. 그리하여 중국 사상사에서 천명론의 극복이 가장 중요한 주제가 되어왔던 것인데, 맹자가 갑자기 인간 본성의 근거를 하늘로 연결시켜버립니다. 신적인 세계관을 다시 불러들이는 결과가 되었죠.

순자荀子는 여기에 반기를 듭니다. 순자는 하늘의 역할과 인간의 역할을 구분하자고 해요. '명천인지분明天人之分', 즉 하늘과 인간 사이의 구분을 분명히 하자는 것입니다. 맹자가 '사단'의 근거를 말하다가 하늘(신)과 인간을 다시 연결시키게 된 것에 비판을 가한 것입니다. 그럼 순자는 어떻게 이런 주장을 할 수 있었을까요?

순자는 노자 사상을 기반으로 다른 사상들을 모두 통합하여 형성된 직하학의 산실인 직하학궁稷下學宮의 좨주祭主를 세 번이나 역임합니다. 좨주는 대학의 총장에 해당합니다. 그곳에서 순자는 직하학의 중심 사상이었던 노자 사상의 세례를 받아요. 노자 사상은 인간이 내면적 정감을 벗어나 객관적인 태도를 취할 것을 요구합니다. 공자가 혈연적 유대감을 가리키는 '친친親親'을 강조하였다면, 노자는 혈연적 유대감을 극복하고 객관적인 태도를 유지하는 '무친無親'을 강조하죠.

순자는 노자가 강조한 객관적 태도를 수용하여, 인간을 인간 외적인 사회 경제적 조건 속에서 이해하는 길로 나아갑니다. 그러니까 맹자가 강조한 덕보다 외면적 규제를 강조한 '예禮'를 중시하는 거예요. 맹자가 퇴행의 길로 가는 것을 보고 이러면 안 되겠다 싶어 인간을 사회적 존재로 인식해야 한다고 한 것입니다. 사회적 존재로서의 인간을 다스리는 특별한 장치를 순자는 '예'라고 해요. 법가인 한비자는 바로 순자의 제자고요. 한비자도 인간을 사회 경제적 존재로 보고, 내적 규제에 맡기기보다는 외적 규제에 맡기려 합니다. 한비자가 말하는 외적 규제 장치가 바로 '법法'이죠.

한비자는 법치의 이론을 완성한 사람이잖아요. 법가는 노자 사상의 영향을 받아 등장하는데, 노자 사상으로부터 받은 가장 큰 영향은 하늘과 인간을 단절시켜 인간을 내면적 근거가 아니라 외적 조건으로 이해한 점이에요. 노자는 '보고 싶은 대로'나 '봐야 하는 대로'가 아니라 '보이는 대로' 봐야 한다고 합니다. 주관성을 배제하고 이 세계를 보라는 거예요. 이것이 노자의 '무위'입니다.

법가는 먼저 외적 규제 장치인 법을 만들어놓고, 당연히 법을 만든 사람까지 포함하여 모두가 법을 지켜야 효율적인 나라가 된다고 봅니다. 법은 마치 노자 사상의 근거인 '자연'이 모든 사람의 눈앞에 이미 펼쳐져 있는 것처럼 나라 전체에 이미 펼쳐져 있죠. 그래서 투명성·객관성·보편성이 충실하게 확보됩니다. 법처럼 투명하고 객관적이고 보편적인 것이란 없습니다. 보이는 대로 보라는 노자의 사상이 법가에서는 법대로 보라는 말로 바뀌었다고 할 수 있겠네요. 너의 주관성으로 보지 말라는 거죠. 법의 집행에 있어서도 가장 중요한 것은 내면적 주관성을 배제하는 것입니다.

그래서 법가에서도 도가에서와 마찬가지로 '무위'가 매우 중요합니다. 노자의 무위가 자연을 모방한 무위라면, 법가의 무위는 법을 근거로 하는 무위입니다. 법가에서는 법대로 하는 것을 무위라 하고, 도가에서는 자연을 따라 하는 것을 무위라 해요. 노자와 한비자는 공자와 맹자가 해결하지 못했던 심리적 주관성과 혈연적 유대감을 이렇게 극복하는 것이지요.

도경과 덕경의 특징은
각각 무엇입니까?

『도덕경』은 도경과 덕경으로 나뉩니다.

도경과 덕경의 특징과 차이점은 각각 어떤 것이 있을까요?

일반적으로 『도덕경』은 1장부터 37장까지를 형이상학적인 내용이 중심이 되는 '도경道經'이라 하고, 38장부터 81장까지를 도의 구체적인 적용, 즉 덕의 실현이 위주가 되는 '덕경德經'이라 구분해요. 그러나 사실 덕경에도 형이상학적인 내용이 많이 포함되어 있습니다. 원리적인 측면도 적잖이 담겼고요. 또한 도경 안에도 도의 적용을 말하는 내용이 들어 있지요.

도경과 덕경으로 나뉘어 있으면서 81장 전체가 『도덕경』이라는 한 권의 책을 이루는 가장 오래된 판본은 중국 창샤長沙의 마왕퇴馬王堆에서 발견된 백서본帛書本입니다. 백서본이 통용된 시기는 중국 고대 진秦나라 말기에서 전한前漢 사이로 봅니다. 물론 『사기』에도 『도덕경』이 상하권으로 나뉘어서 쓰였다고 기록되어 있지요. 백서본에는 '덕경'이 앞에 있고, '도경'이 뒤에 붙어 있습니다. 우리에게는 위진魏晉 시기 왕필王弼의 것이 더 많이 알려져 있죠. 왕필본에는 '도경'이 앞에 있고, '덕경'이 뒤에 붙어 있습니다.

그러나 제가 볼 때 『도덕경』을 근거로 '도경'과 '덕경'으로 엄격하게 구분하는 것은 별 의미가 없습니다. 저는 각 부분의 의미 있는 첫 글자가 '도'와 '덕'이기에 편의상 '도경'과 '덕경'으로 나눠 부르지 않았을까 하고 생각합니다. 1장부터 81장까지 한 권으로 연결된 『도덕경』으로 보는 것이 타당하고 자연스럽다고 봅니다.

덕이 등장한 의미는
무엇입니까?

중국인들은 이 세계의 모든 것을 결정하던
신의 명령을 '천명'이라고 불렀다고 하지요.
그러다가 은나라와 주나라의 교체기에
'천명'을 극복하는 방법으로 '덕'이라는 개념이
새롭게 등장했고요. 그렇다면 덕의 출현은
사상사적으로 이떤 의미를 지니는 것일까요?

인간이 책임감을 갖고 주도적으로 펼치는 역사는 신으로부터 이탈하면서 비로소 시작됩니다. 철학이 시작되었다는 말은 믿음의 시대에서 생각의 시대로 넘어갔다는 말과 같아요. 신이 주인인 시대에서 인간이 주인이 되려는 시대로 넘어갔다는 이야기입니다. 인간의 역사는 생각하는 능력으로부터 시작돼요. 이 능력이 가장 고도화된 것이 철학이죠. 철학이 시작되면서 인간의 역사는 신의 역할과 지위가 축소되고 인간의 역할과 지위가 강화되는 방향으로 계속 이동합니다.

인간의 지위 상승이 처음 시도된 때가 철학이 시작되던 시기였고, 중국에서는 공자와 노자가 살았던 시대였습니다. 공자와 노자가 등장하기 직전에 만들어진 개념이 '덕德'이에요. 덕은 선행을 하는 태도라기보다는, 선행이 나오는 근본적인 힘, 즉 나를 나로 존재하게 하는 근거나 능력 같은 것입니다. 나를 나이게 하는 힘, 그게 덕이죠.

주나라, 정확히 말해서 서주西周 시대까지만 해도 사람들은 나라의 건국과 흥망성쇠, 삶의 의미와 신분 계급 등 모든 것을 천天이 결정한다고 믿었습니다. 그런데 생각해보세요. 주나라가 은나라를 멸망시키고 새로운 패자霸者가 되었거든요. 은나라를 신이 세웠다고 믿고 있었는데, 신이 세워준 은나라가 갑자기 또 다른 나라인 주나라에 의해 무너진 것이죠. 그렇다면 왜 신의 뜻이 은나라에서 주나라로 옮겨 갔는지를 설명할 필요가 생기겠지요. 그래서 통치자가 '덕'을 지키는 여부에 따라 하늘의 뜻이 움직인다고 설명하게 됩니다. 은나라 통치자는 덕을 잃어버렸고 주나라 통치자는 덕을 지니고 있기 때문에 하늘의 뜻, 즉 천명이 은나라를 떠나 주나라로 갔다는 것이죠. 이렇게 인간이 제한적인 범위에서나마 덕으로써 신의 뜻에 영향을 미칠 수 있는 존재로 승격한 셈이지요. 덕의 출현으로 인간의 지위가 올라간 겁니다.

덕이라는 개념이 출현하지 않았으면 중국에서 인간은 신으로부터 독립할 수 없었어요. 인간이 덕을 가진 존재로 해석되면서 비로소 신으로부터 독립할 수 있었던 거예요. 그래서 인간에게는 덕이 있느냐 없느냐가 얼마나 나은 인간이냐 아니냐를 결정하는 기준이 돼요. 더 잘 살고 싶거나 더 나은 사람이 되고 싶은 사람은 이 '덕'을 잘 길러야 합니다.

대답과 질문을 놓고 봤을 때, 대답이 아니라 질문이 덕의 활동에 가깝습니다. 대답은 이미 있던 이론과 지식을 먹었다가 누가 요구할 때 그대로 다시 뱉어내는 기능적 활동이지만, 질문은 자신이 자신으로 존재할 때 나오는 힘, 즉 궁금증과 호기심이 밖으로 뒤어나오는 일이죠. 자신에게만 있으면서 자신을 활동하게 하는 힘이니까 덕에 가까운 것입니다. 이 세상에 나온 모든 새로운 것들, 모든 위대한 것들은 거의 다 질문의 결과로 나왔다는 것을 기억할 필요가 있어요. 대답의 결과로 나온 것은 거의 없습니다.

질문하는 자와 대답하는 자 가운데 세상에서 누가 더 주인 노릇을 할까요? 당연히 질문하는 자일 것입니다. 다시 말하면, 덕이 있는 자일 것입니다.

인간이 책임감을 갖고 주도적으로 펼치는 역사는 신으로부터 이탈하면서
비로소 시작됩니다. 철학이 시작되었다는 말은 믿음의 시대에서 생각의
시대로 넘어갔다는 말과 같아요. 신이 주인인 시대에서 인간이 주인이
되려는 시대로 넘어갔다는 이야기입니다.

도덕경 속으로

『도덕경』을 읽을 때 『도덕경』이 어떻게 태어났는가,
노자는 어떤 문제의식으로 『도덕경』을 쓰게 됐는가를
이해하는 것이 중요합니다. 『도덕경』을 제대로 읽는다는 것은
이 시대에 노자의 역할을 한다면 나는 어떻게 할 것인지를
생각하는 일이라고 할 수 있어요. 『도덕경』을 우리 자신의 삶에
봉사하도록 소비해야지 숭배해서는 안 됩니다.

이름 붙이는 것을 부정하는
이유는 무엇입니까?

『도덕경』은 "도가 말해질 수 있으면
진정한 도가 아니고 이름이 개념화될 수 있으면
진정한 이름이 아니다[道可道, 非常道. 名可名, 非常名]"
라고 시작합니다. 여기서 이름 붙인다는 것은
'개념화' 내지는 '정의한다'라는 뜻일 텐데,
이러한 행위를 부정하는 이유는 무엇인가요?

'명가명비상명 名可名非常名'에서 '명名'은 정의하거나 개념화한다는 뜻이죠. 그런데 이 말을 표면적으로만 이해하면 안 됩니다. 노자가 "이름이 개념화될 수 있으면 진정한 이름이 아니다"라고 말했다면, 개념화의 문제가 중요한 주제라는 것을 쉽게 짐작할 수 있겠지요. 왜 누구는 개념화하자 하고 누구는 개념화하지 말자고 했을까요? 왜 누구는 정의하자 하고 누구는 정의하지 말자고 했을까요?

제가 볼 때 인간의 삶을 변화시키는 것 가운데 가장 중요한 것은 생산 도구와 생산 관계의 변화예요. 노자가 살았던 춘추전국시대 변화의 핵심은 철기의 발명에 있어요. 그 이전의 기득권들은 전부 석기를 기반으로 해서 만들어진 생산 구조에서 우위를 점해온 사람들이에요. 그런데 철기가 산업에 투입되면서 기존의 계급구조가 뒤틀리는 현상이 벌어져요. 과거에 익숙한 사람은 새로운 생산 도구에 잘 적응하지 못하죠. 그러니까 변화에 잘 적응한, 과거에는 소외되었던 계급이 상승하는 결과가 발생합니다. 반대로 과거의 생산 방식에 익숙한 계층은 계급이 낮아질 가능성이 커지는 거죠.

이때 계급이 뒤틀리면서 나타나는 전반적인 변화, 이것이 너무 전반적이기에 혼란이 나타나는 거예요. 그러니까 춘추전국시대에 공자나 노자 같은 사람이 출현하는 것은 철기가 산업에 투입된 뒤에 나타나는 혼란 때문이에요. 과거의 질서는 무너지고, 새로운 질서는 아직 형성되지 않은 시기에 이들의 사명은 어떻게 새 질서와 새 세계관을 건설하느냐였어요. 이때 뒤틀림으로부터 야기된 주제

중에 대표적인 것이 '명실名實', 즉 이름과 실질 사이의 관계였고요.

예를 들어, 군자는 지배자라는 실질을 행하는 사람이에요. '군자'라는 이름을 달고, 지배자의 역할을 하는 거죠. 명名은 이름이고 실實은 역할인데 본래 군자라는 이름에는 지배한다는 역할이 있었어요. 군자라는 명과 지배자라는 실질이 연결되어 있었던 거예요. 그런데 철기로 생산 도구가 크게 바뀌면서 세상이 뒤틀려버리니까 군자가 지배자로서의 실질을 실제 삶 속에서 행하지 못하게 되는 상황이 발생해요. 새로운 생산 도구인 철기에 적응을 잘한 소외 계층에서 부를 일구어 능력자 행세를 하는 사람이 생겨나고, 적응을 못한 군자는 능력이 쪼그라들어 신분에 맞는 권력을 행사하지 못하는 일이 생긴 거지요. 군자가 군자 아닌 듯하고, 소인이 소인 아닌 듯 되어버린 겁니다. 명名과 실實이 뒤틀린 거죠. 그래서 이 시대의 중요한 주제 중의 하나가 '명실 관계'가 되는 거예요. 이름과 실질의 정확한 일대일 대응 관계를 유지하느냐, 아니면 유지하지 못하는 상황을 받아들이느냐의 문제지요.

개념을 정하고 이 개념과 실제와의 일대일 대응 관계를 확고히 하자고 말한 사람이 공자예요. 이를 정명론正名論이라 하죠. 한편, 어떤 것에 대하여 개념을 확고하고도 분명하게 정해놓으면 실제의 내용이 이 개념에 다 담기지 않는 현상이 생길 수 있으니 개념을 정하는 일이 효율성을 떨어뜨리기도 한다고 본 사람이 노자예요. 공자는 비록 다 담지는 못할지라도 어떤 특정한 내용을 담아서 개념을 분명히 정해야 사람들이 사회의 요구에 맞는 적절한 행동을 할 수 있다고 본 거예요.

반면에 노자는 어떤 대상에 대해서 개념을 분명히 정하고 정의 내려버리면 그 정의가 그 개념을 완전히 가둬버리기 때문에 이 대상의 활동성이 좁아질 뿐 아니라 개념을 확고하게 정하면 정할수록 그것을 지키려고 하는 신념이 강해져서 그것으로만 세계를 보게 되는 부정적인 현상이 발생한다고 봅니다. 신념이 강해지면 그것이 바로 기준이 되고, 기준이 만들어지면 구분하고 배제하는 폭력적 상황이 연쇄적으로 일어나기 마련이죠. 그러니까 노자의 생각은 기준을 분명히 정해서 구성원들을 거기에 가두지 말고, 오히려 구성원들이 자발적이고 자율적으로 행동할 수 있게 해주는 것이 훨씬 효과가 크다는 것입니다.

'사랑'이라는 개념을 '눈물의 씨앗'으로 정의 내리면, '사랑'은 눈물의 씨앗이어야만 하죠. 하지만 사랑의 범위는 눈물의 씨앗에만 한정되지 않고, 웃음의 씨앗일 수도 있고, 인간성의 승화일 수도 있고, 격정적 생명력일 수도 있지 않나요? 정의 내린다는 것은 특정한 범위 안으로 가둔다는 뜻입니다. 세상은 가두어지지 않는 부분이 훨씬 크지요.

요새 무슨 일만 생기면 법을 제정해서 문제를 해결하려고 하잖아요. 그러면 바로 효과가 나타나는 것 같지만 그 정해진 법으로 인간의 행동을 구속하고 생각의 범위를 제한하기 때문에 전체적으로 혹은 장기적으로 봤을 때 긍정적이라고 할 수 없어요. 그러니까 노자는 정의를 내리거나 어떤 개념을 정하는 것이 인간의 상상력과 자율성을 제한함으로써 결국 전체 사회에는 손해가 된다고 말하는 거죠. 길을 정해놓고 그 길로만 다니라고 하는 것보다, 내가 걸어 다니는 곳이 바로 길이라고 생각해야 새로운 길이 만들어지지 않겠어요? 그래야 사회나 삶이 창의적이고 다채로워져서 생산력이 올라간다고 본 것이죠.

이렇게 『도덕경』은 그것이 탄생했던 당시의 맥락 안에서 해석해야 합니다. 철학도 그 철학이 탄생한 구체적 토양과 거기서 이론 체계로 승화되는 과정을 유기적으로 살펴야 해요. 고전도 마찬가지예요. 그런데 지금 우리는 어떻게 하고 있나요? 그냥 보편적으로 승화되어 체계화된 창백한 철학을 가져와서 그것을 자신의 구체적인 현실에 적용하려고만 하잖아요. 보편화된 철학으로 지금의 내 구체적인 삶을 관리하는 것이 아니라, 지금 내가 있는 구체적인 토양에서 어떻게 보편적인 철학을 형성하는가가 중요한 겁니다. 이미 있는 보편적인 이론 체계로서의 철학은 숭배의 대상이 아니라, 구체적인 내 삶 속에서 철학적 사유의 시선을 높이는 데 도움을 주는 역할을 해야 하는 거지요.

『논어』에 빠지면 『논어』로 이 세계의 모든 문제를 해결할 수 있을 것 같고, 『도덕경』에 빠지면 『도덕경』으로 이 세계의 모든 문제를 해결할 수 있을 것처럼 보이죠. 그러나 그것은 억지스러운 상황을 자초하거나 스스로 메마른 철학에 종속되는 거예요. 그래서 저는 『도덕경』을 읽을 때 『도덕경』이 어떻게 태어났는가, 노자는 어떤 문제의식으로 『도덕경』을 쓰게 됐는가를 이해하는 것이 중요하다고 봐요. 『도덕경』을 제대로 읽는다는 것은 내가 이 시대에 노자의 역할을 한다면 어떻게 할 것인지를 생각하는 일이 될 수 있어요. 『논어』도 마찬가지예요. 이 시대에 내가 공자가 된다면 어떤 시선으로 어떤 삶을 모색할 것인지를 그려야 해요. 『논어』나 『도덕경』을 자신의 삶을 위해 소비해야지 숭배해서는 안 됩니다.

나는 어떤 사람인가, 내가 해결해야 할 문제는 무엇인가, 나의 소명은 무엇인가, 이런 의식이 없는 상태에서 그냥 마구잡이로 『도덕경』과 『논어』를 읽으면 『논어』 숭배자나 『도덕경』 숭배자가 되고 결국에는 『논어』의 노예나 『도덕경』의 노예가 되고 말아요. 『도덕경』 1장에는 우리가 이 책을 어떻게 대하고 어떻게 읽어야 할지에 대한 관점이 여실히 드러나 있는 것입니다.

노자의 무를 어떻게
이해해야 합니까?

이 세계의 시작을 가리킨다는 '무無'를 어떻게
이해해야 할까요? 같은 맥락에서 노자가 세계를
보는 또 하나의 기본적인 범주인 '유有'는
어떻게 이해해야 할까요?

저는 동양사상이 지닌 사유의 높이를 가장 잘 표현하는 개념이 '무無'라고 봐요. '무'라는 개념으로 동양 문명은 높은 수준의 사유에 이를 수 있었습니다. 비슷한 맥락에서 서양문명에는 '0'이라는 개념이 있지요. '0'은 원래 인도에서 발견되었지만, 수학이라는 탁월한 사유 방식에 들어와 서양문명을 급격히 상승시키는 계기가 되었습니다. '0'이 들어오면서 자릿수가 생기고, 아무리 큰 수라도 계산할 수 있게 되었죠. '0'이 없었으면 산업혁명도 없었을 겁니다.

동양에서 '무'라는 개념을 처음으로 철학적 사유의 맥락에서 제기한 사람이 노자입니다. 저는 노자가 중국인의 사유, 중국인의 삶, 나아가 동양인의 사유와 동양인의 삶에 끼친 가장 큰 영향은 '무'라는 개념을 제시한 데 있다고 생각해요.

'무'는 기본적으로 없는 상태이거나 안 보이는 상태예요. 물론 절대적으로 아무것도 없는 것은 아니에요. 서양에서 말하는 'nothing'과 달라요. 없는 상태라고 해도, 서양의 시각, 특히 파르메니데스Parmenides*의 시각으로 본다면 오히려 'being'처럼 존재적 개념에 가까워요. 즉 노자는 무 개념을 통해 안 보이는 세계를 삶 속으로 끌고 들어온 것입니다. '0'이 등장하면서 플러스와 마이너스의 세계가 연결되지요. '0'도 없는 것이 아니라 플러스와 마이너스 사이에 독특하게 있는 것이죠. '무'도 '있음'의 독특한 형식이고요.

노자가 무라는 개념을 철학적으로 제기했다는 것은 어떤 의미일까요? 인간은 '없는 것', '안 보이는 것'을 다룰 줄 알아야 해요. '새로움'이나 '창의'나 '창조' 모두, '아직 없는 것'이나 '안 보이는 것'

이 현실화된 것이죠. 보이고 만져지고 확실히 있는 것만 다룬다면 새로운 이론을 생산해내기 어렵고 새로운 것을 지향하는 태도를 가질 수가 없어요. 그렇게 되면 궁금증과 호기심도 사라져요. 예술도 사라지고요. 질문, 궁금증, 호기심, 지식의 생산, 창의성, 상상력, 이런 것들은 전부 다 안 보이고 없는 세계를 꿈꾸는 것들입니다.

문명의 전형적인 특성은 확장에 있어요. 아직 없는 세계로 가고, 본 적도 없는 것을 만들고, 본 적도 없는 것을 생각해보는 거예요. 이런 것들은 없는 세계를 다루는 태도가 형성되어 있어야 비로소 가능해져요. '0'이나 '무'를 다룰 수 있을 때만 가능한 거예요. 그래서 노자가 동양 사회에 끼친 가장 큰 공헌은 '무'라는 개념을 제시한 것입니다. 인간의 독특한 특성 가운데 하나가 '무'를 생각할 수 있다는 것입니다. 없음 자체를 상상하는 거예요.

그럼 노자가 말하는 '무'는 무엇일까요? 보이거나 만져지지 않으면서 기능성과 활동력은 있는 거예요. 즉 경계에 있지만 그것 자체의 실재적 존재성은 없어요. 그런데 그것 때문에 일이 일어나고 만물이 제대로 생기고 작동하는 거예요. 예를 들어, 달리기에서 반드시 거쳐야 하는 '출발' 같은 거예요. 출발! 이 순간은 없거든요. 달리기나 준비라는 동작은 구체적으로 있지만 '출발'이라는 동작은 사실 없어요. 어디서 어디까지가 출발인지 확정할 수가 없죠. '현재'도 마찬가지예요. '미래'나 '과거'는 어떤 범위를 정해서 설명할 수 있지만, '현재'라는 순간은 전혀 포착할 수 없습니다. '시작'도 그렇지요? '현재', '출발', '시작', 이런 것들은 실재하지 않는 거예요.

저 문도 마찬가지예요. 구체적인 문짝은 있지만, 저 문은 없는 것이에요. 문은 안과 밖의 '사이'로만 있거든요. 경계인 거예요. 지금 이 방의 허공, 공간, 이것도 없는 거예요. 그런데 이것들이 있어야 방이 방으로서 기능을 하고, 방으로서 존재할 수 있죠. 시작은 그 자체의 실재성은 없이 '준비'와 '동작'의 경계로만 존재하지만, '시작'이 있어야 '준비'나 '동작'이 서로 연결되고 비로소 하나의 활동이 이 세상에 존재하게 되죠.

노자는 눈으로 볼 수 있고 손으로 만져지는 세계와 보이지도 않고 만져지지도 않는 세계가 있는데, 보이지 않고 만져지지 않는 세계를 '무'라 하고, 보이고 만져지는 세계를 '유'라고 한 거예요. '무'는 마치 시작이나 출발이나 현재처럼 자신의 실재적 존재성은 감추고 있지만, 이 세계를 드러나게 해주는 적극적인 역할을 하지요. 노자의 가장 기본적인 전제는 이 세계가 '무'와 '유'의 상호의존으로 되어 있다는 것입니다. 이것이 '유무상생有無相生'이에요.

노자는 이러한 인식을 기반으로 해서 자신의 사상을 건립해가는 거예요. 보이고 만져지는 것들은 다 유有, 안 보이고 안 만져지는 것은 다 무無라고 할 수 있어요. 우리 입안의 공간은 보이지도 않고 만져지지도 않잖아요. 그런데 그런 공간이 있어야 말을 할 수 있어요. 이렇게 노자는 세계 전체가 두 영역의 상호의존으로 되어 있다고 보는 것입니다.

---

* 기원전 450년경에 활약한 이탈리아 태생의 그리스 철학자로 엘레아학파의 대표자. 존재하는 것은 불생불멸·유일불가분의 실체이며 일체의 변화나 구별은 가상이라고 주장했다.

노자의 관계론적 사유를
어떻게 이해해야 합니까?

둘째 장에서 노자는 이 세계의 모든 것은
대립적인 것들과의 관계 속에서 비로소 존재한다고
말하고 있습니다. 자연의 운행 원리를 상징하는
'유무상생有無相生'은 노자 철학을 이해하는 데
핵심이 되는 구절이라고 하셨는데,
노자가 가치 중심적인 사유를 부정하고
관계론적인 사유를 주장하는 이유는 어디에 있을까요?

노자가 어떤 배경에서 관계론적 사유를 형성했는지는 잘 모르겠어요. 짐작할 수 있는 것은 노자가 자연을 자세히 관찰해야만 하는 '사관'이라는 직책을 가지고 있었기 때문에, 그 속에서 '반反'이라는 개념을 먼저 찾아냈으리라는 점이에요. 새로 생겨난 것은 죽어가는 쪽으로 이동하고, 움푹 파인 것은 채워져 결국 평평한 것이 되죠. 이처럼 자연 전체는 반대쪽으로 이동하고 있다는 사실을 알게 된 거예요.

바로 '반자도지동反者道之動'이에요. 도의 작용이고 이 세계를 움직이는 근본 힘이죠. 노자는 반대쪽으로 이동하는 것을 보면서 모든 것이 반대쪽으로 항상 끌리는 경향을 발견했던 것 같아요. 그래서 반대되는 것들끼리 이루는 이 한 쌍, 이 상호관계가 세계의 진실이라고 터득하지 않았을까요. '유무상생'은 '유'가 '무'에 의존해서야 비로소 '유'로서 의미가 있다는 거예요. 반대로 '무'가 '유'에 의존해서야 비로소 '무'로서 의미가 있다는 것이고요. 이것이 노자가 제시한 관계론의 뼈대일 것입니다.

관계론에 대비되는 말이 본질론인데 노자는 본질을 부정해요. 본질은 존재의 근거이기 때문에 각 존재자에게 본질은 존재론적으로 '선善'이죠. 본질이 '선'인 한, 보존되고 확장될 것이 요청될 수밖에 없습니다. 따라서 그것은 키워져야만 하고, 키워지고 키워지다가 어느 단계에는 '이상'으로 자리 잡죠. '이상'은 바로 기준이 되고요.

공자의 사상에서는 이상으로서의 기준이 바로 '예禮'입니다. '예'

는 기준이니 누구나 배워야 하고 따라야 합니다. 그래서 공자도 이렇게 말한 겁니다. "예에 맞지 않으면 보지도 마라. 예에 맞지 않으면 듣지도 마라. 예에 맞지 않으면 말하지도 마라. 예에 맞지 않으면 움직이지도 마라." 기준을 인정하는 한, 구분할 수밖에 없습니다. 구분하면 바로 이어서 배제와 억압이 진행되죠.

노자가 제일 부정적으로 본 것이 구분이에요. 구분이이야말로 폭력을 일으키는 주요한 출발점이기 때문입니다. 구분하는 근거는 기준이고, 기준이 태어나는 토양이 본질이에요. 그러니까 폭력을 제거하려면 기준을 없애야 하고, 기준을 없애려면 본질을 부정해야 하는 거죠. 노자는 세계를 비본질적으로 해석함으로써 기준이 태어나는 원점을 붕괴시킵니다. 노자 사상에는 해체주의적인 성격이 있어요.

본질론적 사유로는 존재자들의 자율성을 보장하기 힘들어요. 집단적이고 중앙집권적 경향으로 나아갈 수밖에 없죠. 그러니까 자율성이나, 개인의 자유가 보다 확실하게 보장되려면 관계론적 세계관을 가져야만 해요. 본질론적 세계관을 견지하면서 개인의 자유를 말하는 것은 사실 허구예요. 본질에 대한 믿음에서 이 세계를 하나의 보편적 이념으로 통제하겠다는 의지가 발생합니다. 구분하는 역할을 하는 본질을 긍정하면 언어와 개념을 긍정적으로 보고 신뢰할 수밖에 없겠죠. 사실 언어와 개념은 가장 근본적인 차원에서 구분하는 역할을 하거든요.

언어와 개념을 너무 믿으면 완강해지기 마련이고, 언어와 개념을 덜 믿으면 유연해질 수밖에 없습니다. 따라서 개념과 언어의 역할을 지나치게 신뢰하고 믿으면 근본적인 의미에서는 대화가 어려워집니다. 대화가 아니라 설득하려고만 할 거예요. 대화는 상대방을 향해 열려 있어야 하고, 상대방을 받아들이는 기본적인 태도가 있어야 가능하니까요. 언어와 개념에 대한 믿음이 약하면 설득하려는 권력의지보다는 대화하려는 평화 의지가 더 강하겠지요. 수평적 대화와 소통은 본질론적 태도를 가지면 쉽지 않아요. 그것은 관계론적 태도를 가져야 제대로 가능한 것입니다.

노자에게 자연은
무엇입니까?

노자에게 자연自然은 무엇일까요?
노자 사상이 자연에서 조화를 찾고 문명에
반대하는 측면을 갖는다고 많이들 이야기하는데
이것이 오해일까요?

노자의 자연에는 두 가지 의미가 있어요. 하나는 우리 눈앞에 펼쳐진 만물의 총합으로서의 자연, 다른 하나는 만물의 운행 원칙으로서의 자연입니다. 만물의 운행 원칙은 인간의 의도가 개입되지 않고 저절로 그러한 것이죠. 노자는 누구에게나 치우침 없이 공정하고 객관적인 자연을 모델로 해서 심리적인 주관성을 극복해야 한다고 봅니다.

공자의 경우처럼 심리적인 주관성을 극복하지 못하면 사상이 가치론으로 빠지기 때문이지요. 가치론으로 빠지면 특정한 이념을 기준으로 삼을 수밖에 없죠. 기준은 구분합니다. 구분하면 배제하고 억압하는 일이 일어나고요. 그러면 사회는 분열되고 갈등 속으로 빠지죠. 이와는 다른 길을 가고자 노자는 가치론으로 빠질 여지가 전혀 없는 자연을 사유의 대상으로 삼은 것입니다. 인간과 분리되어 존재하는 것, 그래서 인간의 심리적 주관성이 개입될 소지가 없는 대자연을 따라 자율과 통합이 이뤄지는 나라를 꿈꾼 것이죠.

노자는 자연에서 발견한 자연의 운행 원칙을 인간 세상에 적용하자고 해요. 그런데 이 말을 잘못 이해하면 그냥 문명을 거부하고 자연으로 돌아가라는 의미로 오해하게 됩니다. 그건 노자의 생각이 아닙니다. 노자는 자연 속에서 사는 것이 아니라 자신이 지적으로 파악한 자연의 운행 원칙을 인간의 삶 속에서 구현하자고 주장하는 거예요. 이 부분에 대한 이해가 정확하지 않으니까 노자 사상을 반문명론으로 오해하고, 문명 자체를 부정하는 삶을 매우 큰 깨달음에 이른 것으로 착각하죠. 노자는 자연을 추구하고 문명을 배격한다는 식의 말은 노자를 잘못 이해한 결과입니다.

　노자나 공자나 모두 문명을 추구하는 사람들이에요. 공자는 이런 문명을, 노자는 저런 문명을 건설하려고 한 차이가 있을 뿐입니다. 공자는 인간 누구에게나 있는 공통의 본질인 '인'을 기준으로 삼고, 그것을 지키며 확대하는 삶을 살자는 것이고, 노자는 그렇게 살면 필연적으로 가치론에 빠져서 이 세계를 양분하게 되니 그런 것이 배제된 자연의 운행 원칙을 인간 세상에 적용하는 문명을 건설하자고 주장하는 거예요. 노자의 사상은 문명의 형식을 다르게 끌고 가는 것이지 결코 문명을 반대하는 철학이 아닌 겁니다. 이것이 노자 사상의 매우 기초적인 전제이건만 많은 이들이 오해해온 것이 사실이에요.

　제가 볼 때 유독 노자 철학만 그런 오해를 많이 받는 것 같아요. 그 이유가 어디에 있을까요? 우리나라는 유교가 중심 사상이었던 시대를 매우 오래 살았어요. 조선 시대, 6백 년 동안 이어진 유교 중심의 이데올로기가 각인된 상태에서 노자의 사상은 反유교적으로 해석될 수밖에 없는 운명을 갖게 된 거죠. 유교는 문명의 책임자 행세를 하면서 노자 사상에 문명의 비판자나 파괴자의 탈을 씌운 것입니다. 이렇게 해서 공자는 적극적으로 세상에 개입하는 사상가로 만들고 노자는 세상을 떠나는 사상가로 만들어버린 거예요. 더욱이 앞에서도 설명했지만, 노자의 사상을 전체주의적인 사고로 보는 것은 매우 큰 오해예요. 사실은 정반대입니다.

노자는 자연 속에서 사는 것이 아니라 자신이 지적으로 파악한 자연의 운행
원칙을 인간의 삶 속에서 구현하자고 주장하는 거예요. 이 부분에 대한
이해가 정확하지 않으니까 노자 사상을 반문명론으로 오해하고,
문명 자체를 부정하는 삶을 매우 큰 깨달음에 이른 것으로 착각하죠.

노자 사상에서 여성성이란 무엇입니까?

6장에서 흥미로웠던 점은 도가 여성적인 모습으로
작용하고 있음을 밝히는 대목이었습니다.
'곡숙'과 여성성은 5장에서 풀무가 "텅 비어 있지만
작용은 그치지 않고, 움직이면 움직일수록
생명력이 넘친다"라는 구절과도 맥락이 닿아 있는
듯합니다. 10장에는 "암컷의 태도"라는 말도
나오고요. 노자의 사상에 깃든 여성성 혹은
모성의 진정한 의미는 무엇일까요?

전체적인 구조로 볼 때 근대는 남성의 형상을 하고 있어요. 직선의 세계이고 힘의 세계죠. 그런데 현대 이후로는 점점 여성적인 경향이 강해지고 있습니다. 근대가 불의 시대라면 현대는 물의 시대, 근대가 태양의 시대라면 현대는 달의 시대, 근대가 남성과 아버지의 시대라면 지금의 현대문명은 여성과 어머니의 시대라고 말할 수 있는 경향을 보이죠.

근대성은 기본적으로 본질주의적인 특성을 보여요. 실체론에 입각해 있죠. 현대의 특징이라는 것은 관계론으로의 이행이거든요. 양자물리학과 유사해요. 그런데 근대적 특성, 본질론적 특성을 갖는 세계는 남성 중심적인 모습을 취할 수밖에 없어요. 본질이 정해지면 거기에 누가 더 빨리 도달하느냐가 중요해요. 당연히 곡선보다는 직선이 유리하지요.

노자의 사상이 관계론적 특성을 보여주는 데에는 이유가 있을 거예요. 노자 사상의 배경이 하나라인데, 그때는 아직 모계사회의 특징이 남아 있을 때입니다. 여성성이 주도적이었던 시대였습니다. 관계론적 세계관은 사유의 구조상 어쩔 수 없이 여성적인 특성을 보일 수밖에 없다고 봐요. 근대는 문명의 출발을 어떤 단일한 것으로 설정하지만, 고대는 문명이 어떤 갈라짐으로 드러난 대립면들의 상호의존에서 출발한다고 봤을 것입니다. 노자가 공자보다 더 오래된 문명이니 갈라짐이나 대립면의 상호의존을 더 적극적으로 수용한 것이 아닐까 합니다.

근대의 모순들이 드러나면서 흔히들 근대문명의 폐해를 말하기도 하는데 저는 폐해만을 집중해서 보는 편은 아니에요. 근대문명은 원래 그런 거예요. 다만 그것이 수명을 다한 거예요. 근대문명은 이제 인간 생존의 양과 질을 증가시키는 데 있어서 한계를 맞이한 거예요. 저는 근대든 현대든 태어날 때는 전부 자기 역할이 있다고 봐요. 현대문명도 언젠가는 오히려 '폐해'라는 평가를 받을 수 있겠죠. 근대에서 현대로의 이행을 문명의 전환이라는 관점에서 크게 보는 것이 좋지 않을까 싶어요. 모든 것에는 생로병사가 있으니까요. 세계관에도 생로병사가 있죠. 과거는 과거의 역할을 하면서 자기 존재 이유를 가졌죠. 지금은 그 존재 이유가 큰 의미를 갖지 않는 것뿐이에요.

공자와 노자 사상도 그렇습니다. 그들의 사상은 만병통치약이 아니에요. 어느 시대에는 공자가 더 맞았고, 어느 시대에는 노자가 더 맞았을 뿐이에요. 현대에는 공자보다는 노자가 더 잘 맞아요. 공자를 가지고 현대를 살아가기에는 공자의 사상이 너무 낡았죠. 공자로 현대를 살아간다는 것은 근대로 현대를 살아간다는 것과 같은 말이거든요.

저는 근대든 현대든 태어날 때는 전부 자기 역할이 있다고 봐요.
근대에서 현대로의 이행을 문명의 이동이라는 관점에서 크게 보는 것이
좋지 않을까 싶어요. 모든 것에는 생로병사가 있으니까요. 세계관에도
생로병사가 있죠. 과거는 과거의 역할을 하면서 자기 존재 이유를 가졌죠.

노자 사상에서 물은 어떤 특성을 갖습니까?

8장에 나오는 '상선약수上善若水'도
노자의 사상을 이해하는 데 핵심이라고 보여집니다.
노자 사상에 자주 등장하는
물의 특성을 어떻게 이해해야 할까요?

여기에서 '선善'은 착하다는 뜻보다는 탁월하다는 뜻에 더 가깝습니다. "가장 탁월한 것이 물과 같다"라고 한다면, 물은 도대체 어떤 특성이 있어서 그럴까요?

우선 만물을 이롭게 해주는 특성이 있습니다. 물이 없으면 살 수도 없고 성장할 수도 없겠죠. 지구상의 생명은 물을 토대로 합니다. 철학을 연 탈레스도 "만물의 근원은 물"이라고 했지요. 만물을 이롭게 해주는 기본적인 태도는 다투지 않는 것입니다. 물은 이미 허락된 길만 찾아서 흐릅니다. 만물을 이롭게 하는 일도 허락된 길을 그저 흐르면서 수행할 뿐이죠. 무엇과도 다투거나 경쟁하지 않습니다. 무엇이 자기 앞길을 막아도 다투지 않고 그저 묵묵히 돌아서 갈 뿐이에요.

물은 이런 특성이 있어서 모두가 좋다고 하는 곳에는 처하기가 어렵습니다. 좋다고 하는 곳에는 이미 다른 것들이 자리 잡고 있을 것이 뻔하죠. 그래서 물은 사람들이 모두 안 가려 하고 싫다고 하는 곳에 처할 수밖에 없습니다[處衆人之所惡]. 이런 자신의 '운명'에 순응하여 물은 결국에 가장 탁월해지는 것입니다.

'싫어한다'는 것은 익숙하지 않다, 이상하다, 잘 해석되지 않는다는 등의 속뜻을 품고 있죠. 익숙하지 않고 이상한 것은 대개 새로운 것들입니다. 갑자기 등장한 새로운 것은 기존의 익숙한 문법으로는 쉽게 해석되지 않죠. '바로크 시대'의 '바로크'라는 말은 원래 '일그러진 진주'를 뜻하는 포르투갈어 바로코baroco에서 왔다고 합니다. 일그러진 진주라고 한다면, 그것은 제대로 된 것이 아니라 어딘가 이상한 것이라는 뜻이겠죠. 새롭게 전개되는 시대가 그 이전의 시각으로 볼 때는 매우 이상했기 때문입니다. 바로크는 사실 르네상스가 퇴조하면서 새롭게 나타난 사조였는데, 르네상스의 분위기에 익숙한 사람들에게는 새로 등장한 사조가 이상하게 보일 수밖에 없죠. 제대로 된 진주가 아닌, 일그러진 진주처럼 말입니다. 이처럼 이상하고 익숙하지 않은 것들에 새로운 시대를 여는 열쇠가 감춰져 있는 것입니다.

대부분의 사람들은 기존의 방식으로 세계와 관계하는 습관에 젖어 있기 때문에 새로운 혁신을 이상하다고 할 수밖에 없습니다. 가장 탁월함은 물과 같다고 하는 말의 핵심은 물의 외적 특성에서 볼 수 있는 겸손과 부드러움보다는 혁신을 가능하게 하는 특성에 있어요. 즉 보통 사람들이 이상하고 어색하게 보는 그곳에 처하면서 혁신의 가능성을 가지고 있다는 것입니다. '상선약수'가 거의 도의 경지인 이유입니다.

개인이나 나라나 모두 혁신의 흐름을 따르면 발전하고, 따르지 않으면 정체하거나 낙후합니다. 이것은 세상의 이치입니다. 따라서 과거의 문법으로 현재를 해석하는 우를 범해서는 절대 안 되죠. 영국은 증기 자동차가 발명된 시대의 흐름을 적극적으로 따르지 못했습니다. 영국은 새로 발명된 자동차에 맞춰 적응한 것이 아니라, 구시대의 운송 수단인 '마차'의 논리에 익숙해 있다가 '마차'의 기득권을 해치지 않으려고 새로운 흐름인 '자동차'를 규제해버립니다. 과거로 현재의 발목을 잡은 전형적인 예이죠. 바로 1865년에

발동한 적기 조례Red Flag Act가 그것입니다. 증기 자동차가 실용화되자 기존의 산업을 이끌던 마차업자들은 자신들의 이익이 침해될 것을 걱정해 자동차의 적극적인 실용화를 반대합니다. 기존 산업의 보호를 위해서 새로운 산업을 규제한 것이 바로 이 조례입니다. 당시 자동차들은 이미 시속 30마일 이상을 달릴 수 있었는데, 마차업자들의 이익을 보장하기 위해서 교외에서는 시속 4마일, 시내에서는 2마일로 속도를 제한하죠. 게다가 붉은 기(밤에는 붉은 등)를 든 사람이 자동차에 앞서 달리면서 속도를 조절해야 했습니다. 이 조례는 영국 자동차의 발목을 30년이나 붙잡았습니다. 영국이 그러고 있는 동안 가솔린 자동차의 시대가 열렸고, 자동차 산업의 주도권이 후발주자였던 독일이나 미국 등으로 넘어가버렸죠.

이처럼 과거로 미래의 발목을 잡는 예는 허다합니다. 과거는 익숙하고 새로운 것들은 낯설고 이상한데, 이상하면 잘 받아들이려 하지 않는 경향 때문입니다. 노자는 물의 특성을 많은 사람들이 다 이상하고 안 좋다고 하는 곳에 처하는 것에서 포착합니다. 이상한 것은 새로운 것일 가능성이 큽니다. 모든 새로움은 이상한 얼굴로 등장하거든요.

세계의 변화에 영향을 줄 정도의 혁신은 처음에는 다 어색하고 이상한 것으로 출발합니다. 그런데 어색하고 이상한 것으로 출발하는 이 혁신의 물길을 어떻게 틀 수 있는가? 노자는 이것을 '경쟁하지 않음不爭'으로 풀어나갑니다. 물은 만물을 이롭게 하면서도 스스로는 경쟁에 빠지지 않습니다. 경쟁한다는 것은 경쟁 시스템에 참여한다는 뜻이죠. 경쟁 시스템은 대개 이미 자리 잡혀 있습니다. 그래서 경쟁이 치열한 사회는 정체된 사회인 경우가 많습니다. 이미 있는 시스템 안으로 들어가서 그 시스템의 한 자락을 서로 먼저 차지하려고 덤비는 일이 경쟁이기 때문에, 이미 있는 시스템이 점점 견고해질 뿐이죠.

노자의 눈에 비친 물은 경쟁하지 않습니다. 다투지 않는 물의 특성이 바로 이것이에요. 경쟁하지 않기 때문에 이미 있는 시스템 안에 끼어들기보다는 아무도 가지 않는 전혀 다른 길을 자신의 선택지로 삼습니다. 그러다 보니 다른 사람들이 이미 차지한 곳이 아니라, 다른 사람들에게는 아직 이상하고 어색하게 보이는 바로 그곳에 처하게 되는 것이죠. 그곳은 누구도 먼저 차지하려고 덤비는 곳이 아닙니다. 그 누구도 차지하려고 덤비지 않는 이상한 곳, 거기에서 혁신의 씨앗이 남몰래 자라는 것입니다.

창조의 기운은 누구나 다 아는 곳이 아니라, 아직은 비밀스럽게 숨어 있는 이상한 곳에서 시작되지요. 그 이상한 곳에 도달하는 힘을 물이 가지고 있습니다. 그래서 가장 탁월함은 물과 같다는 말이 결국 옳은 말이 되는 것이죠. 노자의 이 구절을 음미해볼 필요가 있습니다. "가장 탁월함은 물과 같다. 물은 만물을 이롭게 하면서도 다투지 않는다. 많은 사람들이 싫어하는 곳에 처한다. 그래서 도에 가깝다.[上善若水. 水善利萬物而不爭, 處衆人之所惡, 故畿於道.]"

물은 이미 허락된 길만 찾아서 흐릅니다. 무엇과도 다투거나 경쟁하지 않습니다. 무엇이 앞길을 막아도 다투지 않고 그저 묵묵히 돌아서 갈 뿐이에요. 물은 이런 특성이 있어서 모두가 좋다고 하는 곳에는 처하기가 어렵습니다. 모두 가려고 하지 않고 싫다고 하는 곳에 처할 수밖에 없습니다. 이런 자신의 '운명'에 순응하여 물은 결국에 가장 탁월해지는 것입니다.

눈이 아니라 배를 위하는 게
무엇입니까?

노자는 12장에서 "성인은 배를 위할망정
눈을 위하지 않는다[聖人爲腹不爲目]"라고 말합니다.
눈이 아니라 배를 위한다는 것을 어떤 의미로
받아들여야 할까요? 노자 철학에서 몸에 대한
사유가 중요한 부분이 아닌가 싶습니다.

노자에게 중요한 것은 자치自治, 자정自正이에요. 스스로 바르게 되는 것, 스스로 다스려지는 것이죠. 공부를 예로 들면, 누가 시켜서 하는 것이 아니라 알아서 하는 것이죠. 이런 삶과 이런 세상을 노자는 꿈꿨어요.

노자에게 중요한 것은 이념이 아니라 몸입니다. 몸은 가치나 이념의 접근을 거부하는 곳이지요. 몸은 가치나 이념 이전의 것이잖아요. 이념은 집단적이거나 보편적이에요. 만약 내가 어떤 이념을 갖게 되면 '나'는 온전한 '나'가 아니라 '우리' 가운데 한 명의 '나'로 존재하게 돼요. '나'가 직접적으로 확인되는 곳은 몸으로서 내 신체뿐이지요.

배와 눈은 모두 나에게 있지만 눈은 항상 밖을 향해 있어요. 모든 구분은 눈을 통해 이루어져요. 어떤 것을 본다는 것은 다른 것들을 안 본다는 것이잖아요? 제가 누군가를 보면, 바로 그 사람 외다른 이들은 제 시야에서 사라지죠. 누군가를 보는 행위를 통해 그 사람과 그 외의 다른 이들을 구분하죠. 노자가 이념이나 기준을 부정하는 이유는 그것이 곧바로 구분하는 역할을 하고 이어 폭력으로까지 전이되기 때문이에요. 기준-구분-배제-억압-폭력이 순차적으로 진행되니까요. 배를 위하지 눈을 위하지 않는다는 말을 통해, 노자는 이념이나 가치의 세례를 받기 이전의 상태를 배라고 표현하고, 이념이나 가치의 세례를 받은 이후의 상태를 눈이라고 표현한 것이에요.

노자에게 몸은 무엇을
의미합니까?

13장에서 "자신의 몸을 천하만큼이나 귀하게
여긴다면 천하를 줄 수 있고, 자신의 몸을
천하만큼이나 아낀다면 천하를 맡길 수 있을
것이다"라는 구절이 인상적으로 다가옵니다.
노자에게 몸은 무엇을 의미합니까?

노자는 자기를 천하만큼 사랑하는 사람에게 천하를 맡길 수 있다고 합니다. 여기서 자기는 자율적으로 생각하는 사람, 근본에 서 있는 사람이에요. 조국과 민족을 위하여 정치를 한다고 하는 사람보다는 나 자신을 한 인간으로 위대하게 완성하겠다고 주장하는 사람이 통치를 더 잘한다는 뜻입니다. 자기가 속한 정당이나 나라를 위하여 산다는 사람은 뇌물을 받고 부패하기가 쉽습니다. 뇌물을 받고 부패하면서도 정당이나 나라를 위하여 어쩔 수 없었다고 할 것입니다. 하지만 자신의 완성과 존엄을 위하는 사람은 뇌물을 받거나 부패하기 매우 어렵습니다.

천하를 위하는 사람은 부패하지만, 자신을 위하는 사람은 부패하지 않습니다. 천하가 공유하는 윤리 규정을 중시하는 자는 부패할 수 있지만, 자신을 위하는 자는 부패하기 어렵습니다. 이념에 빠진 사람은 현실을 고려하지 않고 자신이 가진 딱딱한 이념을 세상에 구현하려고 합니다. 그러나 이념과 현실 사이의 엇박자를 해결하지 못하고 억지를 부리다가 쉽게 독재자가 되거나 실패한 통치자가 됩니다. 자신에 집중하는 사람은 이념에 빠지기보다는 자신이 발견한 문제를 숙고하게 됩니다. 이념의 덩어리인 천하에 빠진 사람은 대답만을 하기가 쉽고, 자신에 집중하는 자는 질문하게 됩니다. 대답은 세상을 멈추게 하고, 질문은 세상을 앞으로 나아가게 합니다. 천하를 위한다고 입버릇처럼 말하는 자보다, 자신을 위한다는 사람이 훨씬 더 공적일 수 있습니다.

오늘날 우리의 정치 현실을 봐도 그래요. 현재 우리나라의 정치

상황은 어떻습니까? 독립적 개인이 아니라 폐쇄적 진영이 정치를 하잖아요. 저는 우리나라 정치의 가장 큰 문제점이 염치가 사라진 것에 있다고 봐요. 정치인들이 자기로서 정치를 하는 게 아니라 진영의 이익을 위해 논리도 법도 마음대로 해석하고 주물러요. 그런데도 죄책감을 갖지 않는 이유는 무엇일까요? 자기가 자기로 존재하지 않고 진영이 요구하는 이념의 수행자로 존재하기 때문에 그래요.

노자는 네가 너로 존재해야 이 폐쇄적인 진영을 무너뜨리거나 확장시킬 수 있다고 본 거예요. 나를 포기하고 조국과 민족을 위한다는 것은 거짓말이다, 우선 나부터 제대로 되고 보겠다는 태도를 지닌 사람들이 오히려 진실하다고 본 거죠. 나의 존엄을 지키겠다는 의지를 포기하고서 펼치는 주장은 다 허구일 것입니다.

어떤 사교 모임에서는 정치나 종교 얘기를 먼저 꺼내는 사람은 다음번 모임에 초대를 못 받아요. 그런 사람과는 진정한 대화를 할 수 없다고 보는 거예요. 종교와 정치는 믿음이거든요. 그래서 정치나 종교 이야기를 먼저 한다는 것은 이 믿음을 전면에 등장시키고 진짜 자기는 뒤로 숨기는 거예요. 자기는 그저 이 믿음 체계를 구현하는 사람으로만 남는 거죠. 종교와 정치 이야기를 못 꺼내게 한다는 것은 어떤 의미일까요? 나는 지금 당신의 믿음이나 신념을 듣고 싶은 것이 아니다, 믿음 체계 뒤에 있는 진짜 당신과 대화하고 싶다는 의미지요. 당신이 무엇을 믿는지를 말하지 말라, 당신이 누구인지를 말하라는 뜻 아니겠어요? 우리는 처음 만나는 사이에도 바로 정치나 종교 이야기를 꺼내고, 술자리 대화의 대부분을 정치나 종교적인 주제가 차지하는 삶을 살고 있지는 않나 반성해볼 필요가 있습니다. 이처럼 노자는 자기를 아끼고 또 아낀 자기를 전면에 등장시킬 수 있는 사람이 진실한 사람이라고 보는 거예요.

제가 볼 때 몸에 대한 노자의 사유는 결국 '자기自己'에 대한 사유로 귀결됩니다. 공자는 계속해서 너를 학습시키고 단련시켜 바람직한 우리 가운데 한 명이 되어야 한다고 말해요. 그렇게 해야 도덕적 인격으로 성숙한다고 보는 것이죠. 반면에 노자는 네가 너를 포기하고 우리 가운데 한 명으로 존재하면서 만들어가는 '우리'는 특정한 이념에 갇혀서 쉽게 경색되고 굳어버리기 때문에, 네가 우선 너 스스로를 관리하고 통제할 수 있는 자율적 인간으로 성장해야 건강한 우리를 만들 수 있다고 보는 것입니다. 노자는 개별적 존재로서의 내가 독립적으로 성장하는 것을 중시하고, 공자는 보편적 이념으로 무장한 '우리'를 향해서 나아가는 나를 중시한다고 볼 수 있죠. 이렇게 말하면, 공자는 공동체를 중시하고 노자는 공동체를 중시하지 않는다고 이해해버릴 위험이 있습니다. 하지만 그렇지 않아요. 공자도 노자도 모두 공동체를 중시합니다. 공자는 '우리'가 주도권을 가지고 거기에 '나'들을 편입시키는 방식의 공동체를 지향하고, 노자는 독립적이고 자율적인 '나'들의 연합으로 형성되는 공동체를 지향하는 것입니다.

현대에 이르러 몸은 중요한 철학적 주제로 등장합니다. 근대까지는 몸보다 '이성'이었죠. 인간은 이성을 매개로 사유하거나 사회를 꾸리면 집단화되는 성향을 보입니다. 인간이라면 누구나 공통적으로 가지고 있는 능력, 그것이 이성이잖아요. 이성 자체가 모든 인간에게 근본적으로 공유된 것으로 받아들여지기 때문에 인간을 집단적 존재로 해석하게 되지요. 반면에 몸은 개별화의 토대예요. 내가 집단으로부터 나로 분리되고 개별화되는 근본적인 토대는 몸이에요. 노자가 개별적인 존재들의 자율적인 연합으로 공동체를 만들어야 한다고 할 때, 여기서 개별자, 즉 독립적 주체는 몸을 매개로 등장할 수밖에 없는 것이죠.

일반적으로 노자를 해석할 때 범하는 큰 오류 중 하나가 노자를 무정부주의자로 보는 것인데 절대 그렇지 않아요. 공자나 노자 모두 정부를 인정해요. 공자는 정부가 특정한 이념을 근거로 주도권을 가지고 '나'들을 끌고 가는 중앙집권제를 추구하고, 노자는 '나'들한테 최대한 자율권을 주어서 '나'들이 길을 내면서 가게 하는 지방분권적 시스템을 추구하는 거죠.

여기서 또 하나 주의할 것이 있어요. 공자는 '우리'를 정하고 그 안에 '나'들을 편입시켜야 하므로 '나'들은 '우리'의 이념에 맞는 '나'들이 되어야 한다 하고, 노자는 '나'들이 자율적으로 만들어가는 '우리'를 추구한다고 하기 때문에 혹자는 공자는 '우리'를 긍정하고 노자는 '우리'를 부정한다고 가볍게 말해버려요. 이것은 큰 오류입니다. '우리'에 대한 시각이 서로 다를 뿐입니다. 공자는 문명을 긍정하고 노자는 문명을 부정했다고 오해하는 것과 비슷한 맥락이죠. 노자나 공자 모두 문명을 긍정했어요. 문명을 부정한 것이 아니라, 각자 다른 문명을 건설하려 했을 뿐입니다.

『도덕경』 13장은 '총욕약경寵辱若驚'이라는 말로 시작합니다. 명예로운 일을 당하거나 수모를 당하거나 모두 똑같이 놀란 듯이 하라는 말이죠. 놀란 듯이 하라는 말은 무슨 뜻일까요? 총애에도 치욕에도 자신을 가두면 안 된다는 경고를 하는 것입니다. 종교나 정치적 믿음에 자신을 가두면 안 되듯이 말이죠.

누군가 당신에게 당신은 하는 일마다 잘한다고 칭송했다고 합시다. 칭송을 듣고 좋아하고 그것에 취하면 일 자체보다는 칭찬에 맞추려고 노력하게 되면서 정작 자기 자신은 사라지게 됩니다. 그래서 오히려 잘 못 하게 되어버리는 것이죠. 당신은 참 헌신적이라는 칭찬에 갇히면 그 칭찬에 맞추기 위해 헌신만 하려고 하다가 진짜 자기 자신을 감추게 되고 결과적으로는 진실한 헌신도 하지 못하게 되어버릴 위험이 있다는 것입니다. 반대로 당신이 무엇인가를 하고 있을 때 누군가 당신 실력을 비난하는 것을 듣고 거기에 갇히면 또 자신을 잃고 어떤 일도 잘하기가 어려워집니다. 비난을 듣든 칭찬을 듣든 경계해야 합니다. 무엇을 위해 경계해야 할까요? 바로 진짜 자기 자신을 지키기 위해서입니다.

시와 견, 청과 문은
어떻게 다릅니까?

14장의 "보려 해도 보이지 않는 것을 일컬어
미라 하고, 들으려 해도 들리지 않는 것을 일컬어
희라 한다[視之弗見 名曰微. 聽之弗聞 名曰希]"라는
구절에 나오는, '보다'라는 의미를 지닌
'시視'와 '견見', 그리고 '듣다'라는 의미를 지닌
'청聽'과 '문聞', 이 단어들은 각각
서로 어떻게 다릅니까?

'시視'는 목적을 가지고 신경을 써서 보는 거고, '견見'은 특정한 목적을 가지고 보는 것이 아니라 그냥 대상이 다가오는 대로 보는 거예요. 보이는 대로 보는 것이죠. '문聞'은 '견'과 비슷해요. 들리니까 듣는 거예요. 특정한 목적으로 듣는 것이 '청聽'이에요. 예를 들어 시청각교육이 있어요. 그것은 의식적으로 어떤 목적하에서 보고 듣는 거겠죠. 반면에 우리가 여행을 가서 보고 듣는 것은 시청이 아니라 견문이에요.

노자는 일단 특정한 목적을 가지고 들으려 하거나 보려고 해서는 세계의 진실에 접근할 수 없다고 말합니다. 세계의 진실에 접근하려면 보는 능력은 유지하되 되도록 수동적인 자세를 가져야 하고, 듣는 능력을 유지하되 되도록 수동적인 자세를 가져야 한다는 것입니다. 바로 보이는 대로 보는 거죠. 봐야 하는 대로 보면 좁게 볼 수밖에 없거든요. 보이는 대로 봐야 더 넓고 사실대로 볼 수 있습니다. 봐야 하는 대로 보면, 자신의 의도대로 보게 되니 좁게 볼 수밖에 없고, 주관적으로 볼 수밖에 없죠. 그러면 넓게 보지 못하고 사실대로 보지 못하게 됩니다. 결과적으로, 보이는 대로 보는 사람이, 봐야 하는 대로 보는 사람을 항상 이길 수 있습니다. 반대로, 봐야 하는 대로 보는 사람은 보이는 대로 볼 수 있는 사람을 이길 수 없습니다. 통찰의 힘은 보이는 대로 볼 때 나오는 거니까요.

봐야 하는 대로 보는 사람은 이념주의자에 가깝고, 보이는 대로 보는 사람은 실용주의자에 가까워요. 그래서 공자보다는 노자가 더 실용주의적인 사람이에요. 실용주의는 진리의 척도를 경험 이

전에 이미 있는 가치 기준에 두면 안 된다고 주장합니다. 쉽게 말해서 정해진 기준에 맞추거나 따라서, 세계를 봐야 하는 대로 보면 안 된다는 것이죠.

중국의 역사에서 보면, 마오쩌둥보다는 덩샤오핑이 훨씬 실용주의적이에요. "흰 고양이든 검은 고양이든 쥐만 잘 잡으면 된다"고 말하는 덩샤오핑은 전형적인 실용주의자의 태도를 보이고 있죠. 아마 마오쩌둥이라면 이렇게 말했겠죠. "쥐는 잠깐 잘 잡지 못해도 된다. 고양이라면 모름지기 붉은색이어야 한다." 이념가들은 대체로 이런 태도에 가깝습니다.

노자는 일단 특정한 목적을 가지고 들으려 하거나 보려고 해서는 세계의
진실에 접근할 수 없다고 말합니다. 세계의 진실에 접근하려면 보는 능력은
유지하되 되도록 수동적인 자세를 가져야 하고, 듣는 능력을 유지하되
되도록 수동적인 자세를 가져야 한다는 것입니다.

손님은 무엇을
의미합니까?

노자는 15장에서 도를 잘 실천하는 자를
"진중하구나! 마치 손님과 같다[儼兮其若客]"라고
합니다. 보통 자기가 자기 삶의 주인이 되어야
한다고 생각하는데 '손님'이라고 표현한 것은
어떤 의미로 받아들여야 할까요?

손님은 그 집의 주인이 아니죠. 다른 집에 가서는 주인의 인도를 받아야 합니다. 『장자』에 '화이불창和而不唱'이라는 말이 있어요. 일을 잘되게 하려면, 흐름에 따라야지 자신의 주장을 앞세우면서 뜻대로만 하려고 하면 안 된다는 것입니다. 남의 집에 손님으로 갔으면 그 집의 가풍이나 동선에 맞춰야 하죠. 그러면, 태도가 자연스럽게 신중하고 조심스러워집니다.

그런데 어떤 이념을 강하게 숭배하면, 그 이념을 진리화해서 마치 자기가 진리의 수행자가 된 것 같은 착각에 빠져 세상의 주인 행세를 하려 덤빕니다. 세계의 질서를 따르는 신중함이 사라지고, 자신의 이념에 세상을 맞추려고 무모해지는 것이죠. 행동이 과감해질 수밖에 없어요. 자신의 이념을 주인으로 해서 세상과 관계하면 그 이념에 맞는 범위의 세상 속에서 살 수 있습니다. 그 이념이 최대한 약화되거나 사라져서 아무 정해진 틀 없이 손님의 태도로 세상을 만나면 세상 자체를 혹은 넓은 세상을 만나게 되는 것이죠. 세상과 넓게 접촉하거나 세상 자체를 만날 수 있는 사람의 이익이 클까요, 아니면 그렇지 않은 사람의 이익이 클까요? 무위無爲나 무아無我가 강조되는 이유입니다.

'무아'는 자기가 세상과 관계할 때 사용하는 틀을 최대한 약화시키는 거예요. 그 굳은 틀이 사라지면, 그에 따라 자기가 사라지는 것이 아니라 본래의 자기, 진짜 자기가 등장하지요. 이렇게 등장한 진짜 자기는 굳은 틀 대신에 궁금증과 호기심만으로 세계를 만나기 때문에 세계와 진실한 관계를 맺지요. 세계와 어긋장이 나는 것은 내 틀과 세계가 맞지 않기 때문이에요. 즉 '창이불화唱而不和'하기 때문이에요. 그런데 화이불창 하면 진짜 자기가 세계의 진실과 잘 맞을 수 있습니다.

'손님'은 무위의 개념과 긴밀하게 연결되어 있습니다. 인간도 이세계에 손님으로 와 있는 거잖아요. 그러니까 주의 깊게 세계를 살피고 항상 대립면을 의식하는 손님의 자세를 유지해야 하는 거예요. 노자는 여기서 더 나아가 손님의 태도를 취해야 진짜 큰 이득을 얻는다고 주장합니다. 이게 무위이고 곡즉전曲則全의 태도예요. 흔히들 노자 철학을 이득이나 성취를 부정하는 것으로 이해하는데 이것도 잘못된 거예요. 손님의 태도를 가지자고 한 것도 다 그렇게 해야 더 큰 이득이 온다고 믿기 때문입니다.

'무아'는 자기가 세상과 관계할 때 사용하는 틀을 최대한 약화시키는
거예요. 그 굳은 틀이 사라지면, 그에 따라 자기가 사라지는 것이 아니라
본래의 자기, 진짜 자기가 등장하지요. 이렇게 등장한 진짜 자기는
굳은 틀 대신에 궁금증과 호기심만으로 세계를 만나기 때문에
세계와 진실한 관계로 맺어집니다.

명을 어떻게
이해해야 합니까?

노자는 "명을 회복하는 것을 늘 그러한
이치라 하고 늘 그러한 이치를 아는 것을
명이라고 한다[復命曰常, 知常曰明]"라고 말합니다.
여기서 노자는 '지知'와의 관련성 속에서
'명明'의 의미를 밝히고 있는데요.
명을 어떻게 이해해야 할까요?

여기서 '지知'는 지식과 가깝고 '명明'은 통찰력에 가까워요. 그렇다고 노자가 지식을 부정하는 태도를 가졌던 것은 아니에요. 지에 비해 명을 더 강조하는 것뿐이에요. 이 구절에서는 명을 강조하기 위해서 지와 대비시키고 있습니다. 지라는 것은 고대에서는 '지인知人', 즉 사람을 안다는 의미로 많이 쓰였어요. 그 사람이 어떤 자리에 있는지, 어떤 위치에 있는지를 알아야 그에 걸맞은 태도를 취할 수 있었거든요. 당연히 사람을 알고자 할 때는 분별력이 필요하겠지요. 혈연적으로 가까운 사람과 먼 사람을 구분하고, 지위가 높은 사람인지 낮은 사람인지를 구분하는 것입니다. 안다는 것에는 구분한다는 의미가 기본적으로 들어가 있습니다.

명이라는 글자를 잘 보세요. 해[日]와 달[月]이 함께 있는 형상이에요. 해와 달은 서로 반대되는 거잖아요. 해가 뜨고 지는 운동은 달이 뜨고 지는 운동과 반대로 일어나지요. 그렇지만 해가 지고 달이 뜨는 것은 각각 따로 일어나는 것이 아니라 상호의존적인 하나의 사건입니다. 사랑과 이별도 따로 분리되어 각각 존재하는 일이 아니라 한 쌍의 사건인 것이죠. 노자는 대립면이 서로 의존하여 존재한다는 이 사실을 이해하는 것을 명이라 했어요. 어느 한쪽을 선택하는 인식이 지라면, 둘 사이의 관계성과 변화를 동시에 인식하는 능력이 명인 거죠. 대립면을 동시에 파악하는 능력이 명인데, 노자는 이 명의 태도를 가져야 세계를 정확하게 인식할 수 있다고 보는 거예요. 대립면의 상호의존을 이 세계의 존재 형식으로 보고, '유'와 '무'를 동시에 장악할 수 있는 능력을 명이라고 설명하는 겁니다.

진정한 앎을 어떻게
찾아가야 합니까?

20장의 "배움을 끊으면 근심이 없어진다[絶學無憂]"라는
구절은 이미 확정된 방향이나 전통을 모방하는 배움을
경계하라는 의도에서 쓰인 것이 아닐까 합니다.
그렇지만 이미 정해진 세계의 법칙이나 규정은
개인이 바꾸기 어렵습니다.
노자가 주장하는 진정한 앎은 어떤 형태이고,
또 어떻게 찾아가야 하는 것일까요?

학學, 즉 배운다는 것은 기본적으로 모방한다는 거예요. 이미 있는 것을 흡수하고 거기에 자기를 맞추는 거지요. 이런 방식으로는 자신이 자신으로 존재하기 힘들어요. 언제나 모방하고 따라야 할 대상을 추구해야 하니까, 자신이 자신의 주인으로 설 수 없는 구조지요. 항상 외부의 모델에 자신을 맞추어야 한다면 근심과 혼란이 끊이지 않습니다. 배움의 궁극적인 목적이 뭘까요? 자기가 이 세계에서 어떻게 살다 갈 것인가를 알고 그것을 수행하는 일이 진정한 배움의 길이죠. 모방한다는 것은 자기가 자기 삶을 정해서 사는 것이 아니라 타인의 삶을 모범으로 정해놓고 그것을 추종하는 거예요. 그러니까 학의 방식을 취하게 되면 자기 삶에 자기가 없고, 다른 삶이 자기 삶으로 들어와서 내 삶이라고 자꾸 착각하게 만들죠.

저는 젊은이들이 남의 삶을 모방하기보다는 자신의 삶을 살아야 한다고 생각해요. "저마다 삶은 자기 자신을 향해 가는 길이다" 라는 헤르만 헤세의 말을 한 번쯤 상기할 필요가 있습니다. 덩달아서 배움의 진정한 의미를 생각해봤으면 좋겠어요. 왜 배우는 거예요? 잘사는 방법을 찾기 위해서죠. 그럼 잘사는 주체는 누구죠? 바로 자기 자신이죠. 자기가 잘사는 거예요. 그런데 자기 삶의 방법을 찾기 위해 배우는 것이 아니라, 잘 산 다른 사람의 삶을 따라 하기 위해서 배우는 경우가 너무도 많아요. 그럼 잘 살려면 자기의 삶을 어떻게 결정해야 할까요? 내가 무엇을 원하는지, 어떤 사람이 되고 싶은지 이것이 분명해야 해요. 시대에 대한 깊이 있는 인식과 자기 자신에 대한 관심이 있어야 하는 거죠.

'자신을 향해 걷는 삶'을 살면 그냥 낭만적인 충족감만으로 만족해야 하는 것이 아닌가 하는 생각이 들 수도 있습니다. 그렇지 않습니다. 자신을 향해서 걷는 삶이 현실적으로도 큰 성취를 이루게 하죠. 왜냐하면, 이 세계에 등장한 것들 가운데 대답의 결과로 나온 것은 단 하나도 없기 때문입니다. 모두 질문의 결과들이죠. 질문은 자신에게만 있는 궁금증과 호기심이 튀어나오는 활동이죠? 자신의 삶을 사는 사람들만이 질문을 할 수 있습니다. 대답은 타인이 만든 이론과 지식을 그대로 품었다가 누가 요구할 때 그대로 다시 뱉어내는 일이라서 주도권이 자신에게 있을 수가 없습니다. 그것들을 만든 타인들에게 주도권이 있죠. 이런 의미에서 세상에 등장한 모든 것은 자신을 향해 걷는 사람들에 의해 만들어진 것들이죠. 그래서 자신이 자신의 주인이 되어야 한다는 주장은 그냥 낭만적인 충족감만을 제공하는 데 그치는 것이 아닙니다. 현실적인 큰 성취까지도 보장하죠.

절학絶學은 배움을 끊는다고 해석되지만, 배움을 부정한다기보다는 모방하는 배움의 태도에만 빠지지 않는다는 뜻입니다. 추종하고 모방하고 따라 하는 배움 너머의 궁금증과 호기심이 작동하는 질문하는 배움의 자세가 필요합니다. 저는 이렇듯 철학의 태도를 갖고 성장한 인재들이 많은 사회가 더 건강하고 자유로우며 풍요로워진다고 믿어요.

모방하고 따라 하는 배움에만 빠지면, 그 시대에 해결해야 할 가장 근본적인 문제를 찾아 거기에 몰두하기보다는 자신이 배운 이념이나 내용에 그 시대를 적응시키려는 무모한 마음을 먹게 됩니다. 근대 제국주의가 동아시아를 침략해 올 때 일본의 요시다 쇼인[吉田松陰]이라는 사람이 야마구치[山口]의 하기[萩] 시에 쇼카손주쿠[松下村塾]라는 작은 학교를 세워요. 거기서 2년 정도의 짧은 기간에 90여 명의 인재를 길렀는데 혁명 과정에서 반이 죽고 반이 살아남아 메이지유신을 성공시키죠. 이 젊은이들이 일본의 근대를 엽니다. 그때 조선에는 3백 개 이상의 향교와 서원이 있었어요. 여기서 수많은 젊은이들이 밤을 새워가면서 공부를 했지요. 그런데 이 많은 젊은이들이 요시다 쇼인이 그 짧은 기간에 그 손바닥만 한 학교에서 길러낸 인재들을 당하지 못하고 조선은 식민지가 돼요. 무슨 차이가 있었을까요?

쇼카손주쿠에서는 공부를 했어요. 그 시대에 무엇을 해야 하는지에 대한 문제의식이 분명했지요. 반면에 조선의 향교와 서원에서는 공자와 맹자를 이은 주자학만을 공부했어요. 공자 왈 맹자 왈만 읊고 있었던 겁니다. 시대의 급소를 잡고 자기가 어떤 사람이 되고 싶은지, 자기가 무엇을 원하는지, 자기가 처한 시대에 무엇을 해야 하는지를 찾아서 공부한 사람들은 일당백이 되고, 그것에 관심을 두지 않은 사람들은 속절없이 나라를 잃었지요. 정해진 무엇을 모방만 하는 공부를 한 사람들은 이후 얼마나 근심이 컸겠습니까. 반면에 시대의 급소를 잡고, 정해진 것을 모방하는 학을 끊고 자기 안에서 자발적으로 등장하는 의지의 길을 따라서 자발적으로 공부한 사람들은 자신과 나라를 모두 살리는 사람들이 된 거죠.

공부를 할 때 무엇을 습득하느냐보다 중요한 것은 그것을 왜 습득해야 하는지 각성하고 자각하는 것입니다. 왜라는 질문에서 궁극적으로 나는 어떤 사람이 되고 싶은가라는 질문까지 제기돼야 해요. 젊은이들이 각성하고 자각하는 힘 없이 정해진 내용을 숙지하는 학습만 계속해서는 강한 자기, 부강한 나라를 만들 수가 없습니다.

자기가 이 세계에서 어떻게 살다 갈 것인가를 알고 그것을 수행하는 일이
진정한 배움의 길이에요. 반면 모방한다는 것은 자기가 자기 삶을 정해서
사는 것이 아니라 타인의 삶을 모범으로 정해놓고 그것을 추종하는 거예요.
다른 삶이 자기 삶으로 들어와서 내 삶이라고 자꾸 착각하게 하는 거예요.

구부러짐이 자연을
따르는 것입니까?

22장에 나오는 "구부리면 온전해진다[曲則全]"라는 것은
노자 사상의 또 다른 원리로 이해할 수 있을 듯합니다.
구부러지는 것 또한 자연의 이치를 따르는 것을
의미하는 것인지요? 구부러짐을 통해 궁극적으로
얻게 되는 것은 무엇일까요?

공자는 개념을 옳게 정하고 그것을 잘 지키면 이 세상은 바르게 된다고 믿었어요. 그걸 정명론正名論이라고 하죠. 그런데 노자는 개념이라는 것은 이 세계의 진실을 그대로 다 담을 수 없다, 개념은 세계를 특정 내용으로 가두는 것이라고 봤죠. 특정 내용으로 세계를 가둘 때, 갇히지 않는 내용은 소외되니까 세계의 진실을 드러낼 수 있으려면 다른 방식으로 개념을 사용해야 한다고 말합니다.

78장에 '정언약반正言若反'이라는 말이 나와요. 똑바른 말인데 그것을 마치 반대인 것처럼 표현한다는 거예요. '곡즉전'이라는 것도 '정언약반'과 유사한 방식으로 이해할 수 있지요. 세계를 대립면의 상호의존으로 보는 것이 노자의 기본 원칙이잖아요. 그래서 진실은 항상 대립면이 동시에 포착되거나 동시에 표현되는 방식으로 드러납니다. 해와 달이라는 두 대립면을 하나의 사건으로 포착하는 것을 '명明'이라고 했잖아요. 그런데 개념의 특성상 하나의 개념은 하나의 의미만을 담죠. 예를 들어 '유'라는 개념 안에 '무'를 담을 수가 없지요. '사랑' 안에 '이별'을 담을 수 없죠. 개념은 한 면만 표현할 수 있으니까요. 하지만 진실은 '유'와 '무'가 상호의존하여 세계가 존재하고, '사랑'과 '이별'은 하나의 사건이죠. 그러니까 세계의 진실과 접촉하려면 개념을 항상 대립면과의 관계 속에서 이해할 수밖에 없지 않겠어요? 그러기 위해서 개념을 반대쪽으로 말하여 개념과 그 개념이 함축하는 반대면 사이에 탄성을 만들고, 그 탄성으로 대립면이 상호의존한다는 진실을 튀어나오게 하는 것입니다.

노자와 공자는 개념에 대한 인식 자체가 달라요. 공자는 개념의 의미를 정하고, 그 의미대로 개념을 수행하거나 따르면 도덕적으로 완성될 수 있다고 믿었지요. 도덕적으로 완성된 사람이 많아지면, 특히 지도자가 도덕적으로 완성되면, 사회는 도덕적인 사회가 되고, 그런 사회의 도덕성은 경제나 국방력까지 보장해서 부강한 나라가 된다는 것이 공자의 기본 구상입니다.

그러나 노자는 정해진 의미대로 개념을 믿고 수행하는 한, 그 개념이 만들어내는 이념과 가치가 지배적인 기준이 될 수밖에 없다고 보았습니다. 그렇게 개념에서 성장한 이념과 가치가 하나의 기준이 되고, 기준이 되면 구분을 하고, 구분을 하면 한쪽이 다른 한쪽을 억압하고, 억압하는 과정에서 폭력이 등장해서 결국은 도덕적인 사회를 이루려는 꿈은 멀어지고 오히려 폭력이 난무하는 비도덕적인 사회가 될 것이라고 보는 거예요. 이런 폭력성이 줄어들려면 이념으로 성장하여 기준으로 작용하는 개념에 대한 전적인 신뢰가 없어야 한다는 것이 노자의 생각입니다. 이 생각을 가장 극적으로 표현한 문장이 바로 『도덕경』 1장의 첫머리에 나오는 '명가명비상명名可名, 非常名'이고요.

'곡즉전曲則全'을 제대로 이해하려면 '구부러지는 것'이 자연의 원칙이 아니라, '구부러지면 온전해지는 것' 혹은 '구부러지는 것과 온전해지는 것이 하나'임이 자연의 원칙임을 알아야 합니다. 쉽게 말해, '곡曲'과 '전全'이 한 벌이라는 거예요. '곡'과 '전'을 하나로 보는 것이 '명明'이고, '곡'과 '전'을 각각 별개의 사건으로 보는 것이 '지知'예요. '주면 가질 것이다', '파인 곳은 메꿔질 것이다'라는 문장들도 모두 '주는 것'과 '갖는 것' 그리고 '파이는 것'과 '메꿔지는 것'이 한 벌의 사건임을 말하지요. 대립면을 동시에 장악하는 운동 방식과 태도를 한마디로 표현해서 '곡즉전'이라 말한 겁니다.

노자의 사상은 항상 도의 적용과 실천을 염두에 두고 있어요. 흔히 노자를 온전해지는 것, 갖는 것, 앞서는 것을 포기한 사람으로 오해하는데 실상은 전혀 그렇지 않아요. 노자는 분명히 말합니다. "뒤로 물러나봐라, 그러면 앞설 것이다." 뒤로 물러나는 일과 앞서는 일이 한 벌의 일이라고 말하는 거예요. 노자는 오히려 앞서는 것, 갖는 것, 온전해지는 것에 관심이 있었죠.

'무위이무불위無爲而無不爲'라는 문장은 노자의 철학을 정말 제대로 함축하죠. 무위하라, 그러면 무불위, 즉 모든 일이 잘된다고 말하는 것 아닙니까? 노자의 시선은 '무위'보다는 오히려 '무불위'를 향합니다. 그런데 사람들은 보통 '무불위'는 보지도 않고, '무위'만 보죠. 그것은 마치 노자를 앞서는 것, 갖는 것, 온전해지는 것보다는 물러서는 것, 주는 것, 구부리는 것을 강조한 사상가로 보려고 고집부리는 것과 같습니다. 노자는 일을 안 하려는 자가 아니라 일을 잘하려는 자였어요. 화살을 앞으로 멀리 날려 보내려면, 활시위를 뒤로 당겨야 하지요. 두 동작은 활을 잘 쏘기 위한 한 벌의 동작입니다. 노자는 활을 아무렇게나 쏘려는 사상가가 아니라 정확하게 잘 쏘려고 했던 사상가였죠.

선과 악 같은 대립항들을
어떻게 이해해야 합니까?

노자는 이 세계가 대립항들끼리의 상호 꼬임으로
되어 있다고 보고 있습니다. 그런 까닭에 선과 악,
미와 추 같은 개념들의 대립이 상대주의적 차원으로
해소되는 듯한 인상을 받게 됩니다. 이런 부분에서 자칫
노자의 사상을 곡해하는 문제가 발생할 수도 있을 것
같은데, 대립항들을 어떻게 이해해야 할까요?

노자에게 '유有'와 '무無'는 평등해요. 서로 의존하면서 공존하죠. '유'와 '무'가 동등한 높이에 있는 것을 노자는 현묘玄妙하다는 의미에서 '현玄'이라고 씁니다. 노자는 '유'와 '무' 중에서 '무'에 더 높은 자리를 주지 않아요. 유무상생有無相生은 '유'와 '무'가 동등한 높이에서 공존한다는 것을 잘 보여주는 말이에요.

흔히 꼴등이 있어야 일등이 있고, 추한 것이 있어야 아름다운 것이 있다고 말하는 상대주의적인 관점을 노자의 생각으로 받아들이는 사람들이 있는데, 사실은 그렇지 않습니다. 노자는 일등을 하려는 사람이고, 아름다움을 추구하는 사람입니다. 탁월함을 추구한 사람입니다. 찌질한 삶을 자처한 사람이 절대 아닙니다. 노자가 대립면의 상호의존을 말하는 것은 가치의 문제가 아니라 고저高低, 장단長短, 상하上下처럼 자연적이고 사실적인 차원입니다.

노자가 2장에서 세상 사람들이 모두 아름답다고 하는 것을 아름다움으로 알면 그것은 추한 태도라고 말하죠. 이 말은 아름다움이 권력화되면 그것이 추한 것이라는 거예요. 모든 사람들이 아름답게 본다는 것은 합의된 아름다움이에요. 노자는 아름다움이 특정한 아름다움으로 규정되면 그것이 권력으로 행사되니, 결국 아름다운 태도가 아니라 추한 태도가 된다고 보는 것이죠.

노자는 대립면의 상호의존을 말하지만, 대립적 가치들의 공존을 말하는 것이 아닙니다. 자연과 사실만 그렇게 봐요. 이 부분은 노자의 사상을 이해하기 위해 반드시 제대로 받아들여야 해요.『노자의 목소리로 듣는 도덕경』2장을 들여다보기를 권합니다.

항무욕을 어떻게
이해해야 합니까?

34장의 "만물을 양육하면서도 주인 노릇을 하지 않고
항상 무욕하다[衣養萬物而不爲主, 恒無欲]"라는 구절에서
'항무욕恒無欲'을 어떻게 이해해야 할까요?

교회에 빗대어 이야기해볼게요. 이 이야기는 성당이나 절에도 해당하니, 교회 다니시는 분들은 교회만 가지고 그런다고 서운해하시지 말기 바랍니다. 모두들 천당에 가기 위해 교회에 갑니다. 하느님의 사람이 돼서 하느님의 나라에 가려는 숭고한 소망 때문이지요. 보통 양심이라고도 하는 순수한 마음이에요. 그런데 천당에 가려면, 교회가 제대로 되어야 하니까 좋은 목사도 초빙하고 장로도 뽑고 집사도 뽑는 등 교회 조직을 잘 만들려고 하지요. 교회 건물도 좋게 짓고 신도 수도 늘리고 헌금도 당연히 내야겠지요.

그런데 문제는 종종 천당에 잘 가기 위해서 만든 수단들이 점점 더 중요해진다는 것입니다. 수단이었던 교회 키우기나 신도 수 늘리기나 건물 짓기 등이 주가 되고, 정작 천당 가기 위해 지켜야 하는 양심이나 성령은 뒤로 밀려나버린다는 것이죠. 노자는 수단으로 여겨야 할 것들을 중시하는 이런 좁은 마음을 욕망이라고 하는 거예요. 항무욕, 즉 무욕의 자세를 견지한다는 말은 수단을 더 중요하게 생각하는 실수를 범하지 않는다는 뜻입니다.

양심이나 도덕은 그 자체로 선한 것들이죠. 진실한 삶을 꿈꾸는 사람들은 대개 양심을 따릅니다. 그런 사람들은 양심에서 확신이 서면 자신의 전부를 걸기도 하죠. 그런데 양심이 시키는 것을 어느 정도 이뤘다 싶으면, 이 양심이 바로 기준이나 권력으로 자리 잡죠. 권력화하는 거예요. 이렇게 만들어지는 폭력이 사실은 굉장히 무자비해요. 양심이 정치화되고 도덕이 권력화되는 현상은 우리 주변에서도 그리 어렵지 않게 볼 수 있잖아요.

예를 들어, 다른 사람이 역사 해석의 주도권을 차지하려 할 때는 역사는 다양한 해석에 열려 있어야 한다고 주장하면서 역사 해석의 독점을 반대합니다. 그런데 이렇게 이야기한 사람들이 역사 해석의 주도권을 잡은 다음에는 자기의 역사 해석만을 진실이라고 정해버립니다. 자신의 해석과 다른 것을 이제는 절대 허용하지 않습니다. 다양성을 주장하다가 그것을 성취한 다음에는 다양성을 부정하게 되지요. 양심은 온데간데없고 자신만의 욕망에 빠져버리고 마는 거예요. 양심이나 도덕은 세상을 더 밝고 환하게 하려는 것인데, 그 순수한 마음이 끝까지 유지되지 못하고 결국 정치화되고 권력화되어서 자기가 무너뜨리려고 했던 비양심적 행동을 하게 되는 거예요.

이런 사람들 중에는 『도덕경』의 영향을 많이 받았다고 말하는 사람도 있어요. 자신은 여전히 노자의 가르침대로 선을 행하고 있다고 생각하는 거죠. 위선적 행위를 위선적인 행위로 자각할 수 있다면 양심은 여전히 살아 있다고 할 수 있겠죠. 문제는 위선적인 행위를 하면서도 자신은 여전히 선을 행한다고 확신하는 것입니다. 독재의 속성이나 전체주의의 속성도 사실 이렇습니다. 중국 문화혁명기 홍위병들에게도 선을 행한다는 확신이 가득 차 있었을 것입니다. 최고 통치자는 그것을 교묘히 이용했고요. 독재를 타도하기 위해서 자기 전부를 걸었던 사람이 나중에 또 다른 독재자가 되어버리는 것을 우리는 너무 많이 봤잖아요. 양심이 권력화되는 것은 위선보다 더 무서운 것 같아요.

그러니까 항상 무욕해야죠. 양심의 한 모퉁이에만 사로잡히지 않아야 해요. 자신의 생각이 진리라고 믿는 것 자체가 우선 굉장히 폭력적인 거죠. 자기 기준으로만 세상을 보면 그렇게 됩니다. 노자는 그런 현상들을 경계하는 거예요.

펄럭이던 혁명의 깃발이 뻣뻣한 완장으로 굳어가는 것을 우리는 너무 많이 봐왔잖아요. 무욕의 태도를 지키지 않아서 그래요. 기능적인 수단에만 집중하는 수준을 넘지 못해서 그렇습니다. 교회 키우기나 불상 크게 세우기나 신도 수 늘리기에 집착하는 일과 혁명의 깃발이 완장으로 굳는 일 사이에는 큰 차이가 없죠. 우리 사회는 지금 양심이 권력화·정치화된 정도가 상당히 심합니다. 빨갛게 권력화된 것이냐 파랗게 권력화된 것이냐 하는 차이만 있죠.

산을 보며 산속으로 들어가면 산이 보이지 않게 됩니다. 산속에 들어가 있으면 산의 얼굴이 안 보이거든요. 혁명 전까지는 혁명의 얼굴을 정확히 보지만, 막상 혁명 안으로 들어가면 혁명이 시야에서 사라지죠. 이제 권력과 완장만 보입니다. 교회나 절을 세우기 전까지는 하느님과 부처님이 보이지만, 막상 교회나 절을 세우고 나면 교회와 절만 보이는 것과 같은 이치죠. 양심과 기본을 지키면 모든 일이 다 잘되지만, 어느 순간 그것들이 쉽게 시야에서 사라집니다. 무욕의 태도를 지키면, 양심과 기본이 항상 시야에 머뭅니다.

가정 안에서도 마찬가지예요. 자녀를 온전한 사람으로 키우려는 의지보다 성적이 좋은 자녀로 만들려는 기능적인 욕망에 휩싸이죠. 이런 기능적 욕망을 넘어서는 일을 '항무욕'이라 한 것입니다.

뺏고 싶으면 주어야 한다는 것은 무슨 의미입니까?

36장에서 "장차 뺏고 싶으면 먼저 주어야 한다. 이것을 미명이라고 한다.[將欲奪之, 必固與之. 是謂微明.]"라는 문장에 담긴 노자의 의도는 무엇입니까?

노자는 유무상생의 원칙을 근거로 하는 지혜를 '미명微明'이라 부릅니다. 대립면을 동시에 장악하는 방식으로 실현하는 지혜죠. 이런 지혜는 대립면을 각각 다른 것으로 구분해서 보는 '지知'와 다릅니다. 그런데 유무상생의 원칙은 세계의 운동 속에 잠복해 있기 때문에 잘 드러나지 않습니다. 잠복해 있어서 잘 드러나지 않고 보통 사람들이 쉽게 알지 못한다는 의미에서 '미微'라는 글자를 쓰지요. '뺏는 일'과 '주는 일'이 한 벌의 사건이어서 '뺏는 일' 따로 '주는 일' 따로 있지 않은데, 이런 원칙은 감춰져 있기 때문에 매우 미묘하죠.

'미명'은 유무상생의 원칙이 삶 속에서 발현되는 하나의 형태예요. 노자의 『도덕경』은 전체적으로 정치철학, 즉 통치술의 성격이 강한 책이죠. 국가 경영을 논한 책이에요. 높은 수준의 인식 능력과 성숙을 통해서 국가 전체의 통치를 가장 효율적으로 할 수 있는 방향을 이야기한 거예요. 세계에 대한 일정한 인식을 가지면 그 인식 내용에 맞춰서 가장 효율적인 결과를 낼 수 있는 태도를 결정해야 되겠죠. 행동의 강약, 진퇴 등을 잘 조절해야 세상에 효과적으로 반응하게 되지 않겠어요?

노자는 국가를 신기神器, 신묘한 그릇이라고 봐요. 신묘하다는 것은 우리의 인식 능력을 벗어난다는 뜻이고, 예상대로 되지 않기 십상이라는 뜻이기도 합니다. 세계 자체가 대립면의 상호의존으로 되어 있기 때문에, 한 면만을 담을 수 있는 개념적 인식으로는 대립면 양쪽을 하나로 인식하는 것이 쉽지 않습니다.

국가는 특히 규모가 커서 예상을 벗어나는 일들이 훨씬 다양하게 일어납니다. 그래서 노자는 나라를 다스리는 일을 작은 생선을 굽듯이 조심조심하라고 합니다. 종교적이고 도덕적이고 정치적인 이념이나 신념에 빠지면 사람이 단순해져서 정책을 단선적으로 펼치고, 거기서 발생하는 다양한 부작용을 전혀 고려하지 않게 되죠. 이런 단선적인 사람들을 '헛똑똑이'라고 하는데 노자는 그런 사람들을 '지자智者'라고 부르기도 합니다. 좁다란 인식에 갇혀 전문가 행세를 하는 사람들입니다. 단선적이니까 조심스럽거나 신중하지 않고 조급하고 과감합니다. 그런 사람들이 통치를 하면 나라가 큰일납니다. 노자가 『도덕경』 3장에서 나라가 잘되려면 "저 헛똑똑이들로 하여금 과감하게 행동하지 못하게 해야 한다[使夫智者不敢爲也]"라고 말하는 이유입니다.

아파트 가격이 과하게 올라간다고 하면, 그것을 아파트 가격 문제로만 보거나, 가진 자와 못 가진 자 사이의 갈등 문제로 봅니다. 그것만 못 올라가게 제지하면 모든 문제가 해결되고 아파트 가격이 떨어질 것 같은데, 국가 안에서 일어나는 일들은 어떤 것도 그렇게 단선적이지 않습니다. 징벌적으로 세금을 부과해서 단기간에 가격을 떨어뜨리면 될 것 같지만, 가격이 떨어지지도 않고 괜히 조세의 공정성만 훼손하여 더 큰 문제로 비화되기도 하죠. 건설 경기가 죽어버리거나 정부에 대한 국민의 불신감이 높아지는 현상들도 생기죠. 헛똑똑이들은 단순하고 과감해요.

중국에서는 대약진운동 기간에 마오쩌둥이 식량도 부족한데 참새들이 귀중한 곡식을 먹어치운다며 참새를 "해로운 새"로 규정하고 섬멸하라고 명령합니다. 아주 선하게 보이는 명령이죠. 공산혁명의 서슬이 퍼렇던 시절이라 최고지도자의 말 한 마디로 즉시 "참새 섬멸 총지휘부"가 만들어졌습니다. 헛똑똑이들은 모두 어용지식인으로 전락해서 옳은 일이라고 찬양하고, 연구기관들도 "참새 한 마리가 매년 곡식 2.4킬로그램을 먹어 치운다"라는 보고서까지 만들어 동조했습니다. 중국의 방방곡곡에서 소탕 작전이 벌어졌죠. 누구도 나서서 반대하지 못했습니다. 반대를 하면, 나중에 홍위병이 되는 '마오빠'들이 득달같이 달려들어서 살벌하게 공격하기 때문에 겁에 질려 아무도 나서지 못한 것이죠. 마오의 명령은 전광석화처럼 일사불란하게 실행되어 참새는 거의 멸종되는 지경에 이르렀습니다. 마오와 마오빠들은 이제 곡식 수확량이 늘어날 일만 남았다고 생각했는데, 현실은 정반대로 나타났습니다. 참새가 사라지자 메뚜기를 비롯한 곤충이 급증했고 농작물은 초토화됐습니다. 결국 3천만 명이 굶어 죽었죠. 사실 이런 일은 중국에만 있던 일도 아니고, 과거에만 있던 일도 아님을 알아야 합니다. 현재 우리에게도 이런 일은 얼마든지 있을 수 있습니다.

이처럼 국가 단위 안에서는 어떤 일들이 본래의 의도와 전혀 다른 방향으로 흘러가거나 전혀 다른 형태로 변이하는 것이 너무나 흔한 일이에요. 그래서 이 세계가 대립면의 상호의존으로 되어 있다는 인식이 필요한 거예요. 이런 인식에 철저한 사람은 어떤 사건이 예상치 않은 정반대의 방향으로 전개될 수도 있다는 것을 항상

의식할 수 있거든요.

노자는 미명을 설명하면서 "주어라 그러면 더 많이 얻을 것이다"라고 말하죠. 이 말의 의미도 국민과 국가의 관계를 생각하면 쉽게 이해할 수 있어요. 가장 기초적인 단계에서 말하자면, 국가가 국민에게 종국적으로 얻어내는 것이 무엇이겠어요. 세금입니다. 그런데 이걸 얻어내려면 국민이 세금을 낼 수 있을 만큼 활동하도록 해줘야 해요. 세금을 많이 걷고 싶으면 국민에게 자유를 주고, 경제적 활동을 하게 해주어야 해요. 그러면 국가는 국민으로부터 얻는 것이 많아지고, 국민도 부유해지고 국가도 부강해질 수 있습니다. 허용하지 않고 뺏으려고만 하면 얻을 것이 적어지죠.

사회주의 계획경제가 자유주의적 자본주의보다 성공하지 못한 이유는 바로 국민들에게 자유를 허용하지 않았기 때문입니다. 자유주의적 자본주의는 허용하는 것이 상대적으로 훨씬 많습니다. 사회주의는 국가가 국민들에게 자유를 허용하지 않으니 국가 운영의 짐을 대부분 국가가 지죠. 그러면 국가는 과부하에 빠지고, 국민들로부터 얻어낼 세금도 당연히 적어지죠. 국가가 부유해질 수 없는 구조입니다. 자본주의는 국민들에게 허용하는 자유가 많습니다. 그러니 국민들이 일을 많이 하고, 국가는 부담이 적으면서, 국민들로부터 얻을 것은 많아지죠. 국가가 부유해질 가능성이 사회주의 국가보다 훨씬 큽니다. 지금까지 사회주의는 '가난'의 문제를 해결하지 못했습니다. 중국도 사회주의를 부분적으로 포기하면서, 부를 축적하게 된 것입니다.

노자는 항상 어떤 기준이나 권력화한 이념으로 세계를 통제하려고 하지 마라, 그것을 없애고 국민에게 더 다양하게 더 많은 것을 허용해라, 그러면 생산력이 높아지고 얻는 것이 더 많아진다고 주장합니다. 유무상생을 철저히 인식한 느긋한 권력자는 국민들에게 다 줘서, 즉 허용해서 더 많은 것을 얻고, 이념에 갇힌 헛똑똑이들은 조급해서 국민들에게 허용을 줄이고 스스로 쪼그라듭니다.

국가의 통치자에게 필요한 것은 무엇입니까?

노자가 국가를 '신기神器'로 보는 것이 무척
흥미롭습니다. 그렇다면 이 신비로운 그릇을
조율해야 하는 통치자는 어떤 태도를 가져야 할까요?

노자가 통치자에게 필요하다고 본 것은 신중함이에요. 그래서 통치자는 작은 생선을 굽듯이 아주 신중해야 한다고 말합니다. 무지하기 때문에 결론을 내지 못하고 우왕좌왕하느라 시간을 보내는 것은 신중함과 다르죠. 신중함은 그 반대편 것까지 인식의 범위 안에 들어오기 때문에 경솔하게 결정을 내리지 않는 성숙한 태도입니다.

그래서 헛똑똑이들, 즉 지자智者에게 과감하게 행동하지 말라고 말하는 것 아니겠습니까? 해를 해로만 알고 달을 달로만 알고, 좋은 것과 나쁜 것을 분명히 구분하여 한쪽을 선택하는 확신을 '지知'라고 하죠. 이런 인식으로는 어떤 선택이든지 예상치 못한 방향으로 흘러 전혀 다른 결과를 낳을 수도 있다는 예측을 할 수 없습니다.

전쟁을 각오해야만 평화를 얻을 수 있어요. 전쟁과 평화는 다른 두 면을 가진 하나의 사건이에요. 이것이 유무상생의 원리죠. 평화는 평화로운 태도와 언어 그리고 평화로운 표정이나 안색만으로는 이룰 수 없어요. 전쟁과 평화를 전혀 다른 별개의 것으로 확신하는 사람이 전쟁을 반대한다면, 전쟁에 사용되는 것들을 전부 없애야 한다고 말하겠죠. 바로 헛똑똑이예요. 순진하거나 착한 것이 아니라 바보입니다. 국가가 신기인 것을 아는 정도로 지적인 두께가 쌓이지 않아서 그렇습니다. 전쟁도 얼마든지 할 수 있다는 자세를 가지고, 내일이라도 전쟁이 일어날 것처럼 준비한 자들만 전쟁을 막을 수 있죠.

전쟁은 일으키는 일과 막는 일 사이에 있습니다. 헛똑똑이들은 전쟁을 일으킬 수도 있다는 생각은 아예 하지도 못하고, 무조건 막는 것만 생각합니다. 일으킴과 막음이 공존하는 일이 전쟁이라는 것을 인식할 수 있어야 합니다. 특히 통치자들은 이런 인식에 철저해야 하지만, 지적인 두께가 얇아 한쪽을 선택하여 확신한 일만 해온 사람이라면 이것을 인식할 능력이 안 되죠. 그렇게 되면, 국민들은 비굴해지고 불안해집니다.

『성경』을 백 번 읽은 사람과 한 번만 읽은 사람 사이에는 큰 차이가 있어요. 『성경』을 백 번 읽은 사람은 불자들과도 평화롭게 지냅니다. 그러나 한 번만 읽은 사람은 불자들을 쉽게 적대시합니다. 『반야심경』을 한 번만 읽은 사람과 백 번 읽은 사람 사이에도 큰 차이가 있습니다. 『반야심경』을 백 번 읽은 사람은 기독교인과도 잘 지내지만, 한 번만 읽은 사람은 기독교인을 적대시합니다. 제일 무서운 사람이 책을 한 권 혹은 한 번만 읽은 사람이에요. 그런 사람들은 항상 과감하거든요. 책을 한 권만 읽은 사람은 헛똑똑이가 되어 생각하는 능력이 없습니다.

생각 없는 사람이 제일 무섭고 가엾죠. 중국의 홍위병들을 생각해보세요. 한쪽을 선택하여 거기에 자신을 맡긴 자들은 생각할 필요조차 느끼지 못합니다. 진영에 빠진 자들이지요. 진영에서 시킨 대로만 할 줄 알지 자신의 독립적 사유 능력은 거세됩니다. 대립면의 상호의존을 의식하는 자들은 숙고하는 버릇을 가질 수밖에 없습니다. 생각을 하게 되는 것이죠. 모든 악의 근원은 무지하여 사유하지 않는 것입니다.

유무상생으로 표현되는 대립면의 공존을 이해하지 못하는 사람은 어쩔 수 없이 어느 한쪽을 선택합니다. 물론 누구나 결국에는 선택하는 일이 생깁니다. 그러나 그 선택이 깊은 사유에서 나왔느냐, 아니면 아무런 사유 없이 나왔느냐에 따라 그 성숙도나 설득력이 매우 다르게 나타납니다. 진영에 갇혀 별생각 없이 한쪽을 선택하여 고착시킨 사람은 자기가 얼마나 잔인한 폭력을 행사하는지 의식하지 못할 뿐만 아니라 심지어 양심을 행사하고 있는 것으로 착각하죠. 대립면의 상호의존이라는 인식을 가지면, 진영 논리에 빠져서 그 진영의 논리를 상대방에게도 쉽게 강요하는 일이 적어집니다.

대립면의 상호의존이라는 원칙을 적용하여 유무상생을 보면, '유'가 '유' 자체로 존재하지 않고 '무'와의 관계 속에서 존재하기 때문에 '유'의 존재적 테두리가 매우 느슨하거나 흐리거나 그 자체에 틈이 존재하는 것으로 표현될 수 있습니다. 물론 '무'도 마찬가지죠. 느슨하거나 흐리거나 그 자체에 틈이 있어야 대립면을 받아들이고 허용하여 상호의존할 수 있게 됩니다.

진영에 갇힌 자들은 협치를 할 수 없습니다. 포용력을 갖는 것도 불가능합니다. 협치나 포용은 협치나 포용을 하는 주체에 틈이 나 있고 여백이 있어야 가능합니다. 틈이나 여백이 없다면, 다른 대립면을 받아들이는 것은 불가능하죠. 틈이 없는데 어떻게 대립면이 뚫고 들어올 수 있겠습니까? 여기서 틈은 존재의 균열을 말하는 것이 아니라, 대립면을 받아들일 가능성으로서의 여백 정도입니다. 진영에 갇혀 상대방에게 쉽게 프레임을 씌울 경우엔 어떤 여백도 존재하지 못합니다. 틈이 없어지죠.

틈과 여백이 없으면 거기서 어떤 감동도 생기지 못합니다. 감동이 없으면 논리로 무장한 살벌한 비난만 남죠. 지금 우리 사회가 처한 상황입니다. 조선시대 당쟁이나, 진영에 빠져 서로 비난만 일삼는 지금의 상황이나 다를 바가 없죠. 공자의 정명론처럼 개념을 바르게 정하여 사용하자는 말은 어떤 개념도 여백과 틈을 주지 말자는 것과 다름없습니다.

'명가명비상명名可名非常名'은 개념을 여백이나 틈 없이 사용해서는 세계의 진실을 담을 수 없다는 의미를 담고 있죠. 세계는 서로 여백을 나누며 틈을 허용하는 것 아니겠습니까? 바로 유무상생인 거죠. 저는 보통 사람들은 언어를 사용하지만, 시인은 언어를 지배한다고 생각해요. 시인은 언어를 재배치하고, 위치를 다르게 하며, 개념과 개념 사이에 틈과 여백을 남깁니다. 그 틈과 여백 사이에 소리를 심죠. 언어들 사이의 남겨진 틈과 여백들이 소리를 입은 개념들에 탄력을 주어 드러나지 않거나 아직 없는 진실들을 튀어오르게 하죠. 소설에서는 느낄 수 없는 감동이 생산되는 것입니다. 시인은 언어를 사용하는 것이 아니라, 언어를 재배치하고 부리면서 거기에 틈을 만들고 그 틈 사이에 소리를 입혀서 탄력 있는 감동을 만들어내는 거죠. 협치나 포용이나 하는 것들은 배척이나 편가르기에 비해 얼마나 큰 감동을 줍니까? 또 얼마나 새로운 길을 만들어내겠습니까? 다 여백과 틈에서 빚어진 감동입니다.

그것을 하지 못하는 우리의 현실이 매우 안타깝습니다. 프레임과 진영 논리에 휘둘리지 않고 사유한다는 것은 내 영혼 안에 여백을 준비해놓는 일과 같죠. 그런 일을 잘해서 시인들은 항상 보통 사람들에게 모범이 되어왔고, 사람들 사이에서 가장 높은 자리를 차지해왔습니다. 그러나 우리나라에서는 심지어 시인들마저도 진영의 틀에 빠져 사유를 포기하는 경우가 적지 않습니다. 그런 시인들은 자신이 진영에 빠져 허우적댄다고 생각하지 않고 '정치'를 한다거나 '현실 참여'를 한다고 생각할 것입니다.

시는 어떤 기능적이고 자잘한 필요에는 응하지 않는 것입니다. 그래서 시인은 작은 승리에는 눈길조차 주지 않고 오로지 큰 승리만 바라보며 달리죠. 시뿐만 아니라 모든 예술이 가진 가장 큰 힘은 그것이 기능적인 단계에서는 거의 쓸모없는 것들이라는 점입니다. 쓸모가 등장했다는 것은 이미 어떤 기준이 자리 잡았다는 뜻입니다. 모든 쓸모는 어떤 기준에 의해 결정되거든요. 그러니까 쓸모나 필요에 부응하면, 더 큰 확장이나 더 큰 열림은 기대하기 어려워요. 쓸모나 불필요를 자초하는 것, 아무 소용없는 상태로 들어가는 것, 이것이 진짜 고차원의 활동입니다. 기준의 눈치를 보는 것이 아니기 때문이죠. 기준의 눈치를 보는 대신에 새로운 기준을 창조하는 길을 선택하는 행위입니다.

사실 필요에 부응하는 일은 그렇게 어려운 것이 아니죠. 불필요나 쓸모없음에 자신을 맡기는 일이 진짜 어려운 일이죠. 하나의 도

전이자 모험이거든요. 그래서 저는 『장자』에 나오는 '무용지용無用之用'이라는 말처럼 쓸모없음의 쓸모, 이것이 예술이 추구해야 할 진짜 가치가 아닐까 생각해요. 예술이 추구해야 할 진짜 가치라는 것은 인간이 진짜 큰 성취를 이루기 위해서 따를 만한 교훈이라는 뜻이죠. 이런 일들은 공자의 정명론보다는 노자의 유무상생을 숙지하는 사람에게 훨씬 더 가능합니다.

노자 사상의 수사학적 특징은 '무위이무불위無爲而無不爲'에서 가장 잘 드러납니다. "뒤로 물러서라, 그러면 앞설 것이다. 구부려라, 그러면 온전해질 것이다. 줘라, 그러면 갖게 될 것이다." 이 표현들이 모두 '무위이무불위'로 수렴됩니다. 상식적으로 보면 가져야 갖는다고 생각하는데, 노자는 줘야 갖는다고 합니다. 또 구부리는 것까지 담아야 진정으로 온전해진다고도 말하지요. 앞서려고만 하는데 뒤서려고 해야 앞서게 된다고도 하고요. 모두 '유무상생'의 원칙에서 나온 행위 방식들입니다.

흔히 노자의 철학을 소극적이고 반문명적인 철학으로 취급하는데, 이는 오해입니다. 노자는 『도덕경』을 통해서 천하를 갖는 법을 알려주는 거예요. 노자는 절대 초월 철학자가 아닙니다. 노자의 시선은 '무위'에 머물러 멈춰 있는 것이 아니라 사실은 '무불위'에 가 있습니다. '온전해지는 것', '갖는 것', '앞서는 것'이 노자가 도달하려는 것들입니다.

예를 들어 가난한 사람을 구제하는 일은 국가가 해야 할 중요한 일 중 하나죠. '유무상생'을 이해하지 못하는 국가라면 가난한 사람들만 도와주면서 그들을 구제했다고 생각할지도 모릅니다. 그러나 이는 근본적인 구제가 아닙니다. 부자들을 배제하고 가난한 사람들만 도와주는 일이 오히려 가난한 사람을 더 가난하게 만들 수 있습니다. 가난한 사람들을 도와주는 일이 부자들과 깊이 연관되어 있어서 그래요.

대립면들의 상호의존 관계를 모른 채 덜컥 권력만 잡은 통치자는 대증요법이나 임기응변식의 땜질 정책을 남발하면서 국가를 파탄으로 끌고 가거나 권력을 잃게 됩니다. 통치자는 득도得道해야 합니다. 통치자에게 득도란 자연의 운행 원칙인 '유무상생'을 국가 운영에 응용할 수 있다는 뜻입니다.

이념적인 통치를 하면 안 된다고 하는 이유는 이념이란 것이 어쩔 수 없이 한 편을 지키는 일이기 때문입니다. 도덕적인 통치를 하면 안 된다고 하는 이유도 도덕이란 것이 결국은 한 편을 지키는 일이기 때문입니다. 이념이나 도덕은 유무상생의 원칙에 배치됩니다. 이념이나 도덕에 깊게 물든 통치자는 국가를 이념이나 도덕으로 끌고 갈 수 있다고 확신합니다. 헛똑똑이가 되는 것이죠.

저것을 버리고 이것을 취하라는
의미가 무엇입니까?

노자 철학의 핵심 가운데 '거피취차去彼取此'라는
삶의 태도가 있습니다. "저것을 버리고 이것을 취하라"라는
말일 텐데, 이 말과 함께 '안분지족安分知足'이라는 말도
자연스레 떠오릅니다. 그런 측면에서 볼 때
노자의 철학은 열정적으로 자기 삶을 개척해가는
이들을 위한 철학과는 거리가 멀게 느껴집니다.
'거피취차'를 어떻게 이해하고 받아들여야 할까요?

'거피취차'가 '안분지족'과 어느 정도 관련은 있지만 아주 직접적으로 관련된 것은 아니에요. 인간이 지닌 가장 높은 수준의 덕목은 꿈을 꾸고 그 꿈을 향해 무모하게 내달리는 데 있어요. 그런데 꿈은 이상이나 이념과는 다릅니다. 여기서 이상은 꿈이 아니라 이념과 비슷합니다. 도덕주의, 사회주의, 자본주의 이런 것들이 다 이념이지요.

자본주의를 가지고 내 삶을 규정하는 한 내 삶은 그로부터 한 발짝도 벗어나지 못해요. 나에게 자본주의를 넘어서는 삶은 없어지고 마는 겁니다. 그러나 삶은 자본주의나 사회주의보다 훨씬 광범위하고 복잡하지요. 넓고 복잡한 삶을 제한하고 규정하는 것들을 버려야 합니다. 그래야 꿈을 꾸는 존재가 될 수 있어요. 이상이나 이념은 항상 나에게서 멀리 떨어져 있지요. 어딘지 모를 저곳에 있는 이념이나 이상들을 노자는 '저것'으로 표현하고, '저것을 버리자'고 하는 거예요.

그러면 왜 "이것을 취하라"라고 할까요? 이것을 취하는 자가 꿈을 꿀 수 있기 때문이에요. 나에게 가장 가까이 있는 이것은 나의 욕망이에요. 내가 자본주의를 추구하는 한 나의 욕망은 자본주의에 제어당하지요. 마찬가지로 사회주의를 추구해도 나의 욕망은 항상 사회주의의 통제를 받게 되죠. 집단이 만든 정해진 이념을 좇는 한 나는 집단의 제어와 통제 하에 있게 됩니다.

이는 내 꿈이 아니라 '우리'의 꿈을 꾸거나 다른 사람의 꿈을 대신 꾸는 것에 불과합니다. '우리'의 꿈, 다른 사람의 꿈은 저기 멀리 있습니다. 나의 욕망, 내 꿈은 바로 여기 있지요. 저기 멀리 걸려 있는 집단적 이상을 추구하지 말고, 바로 너의 욕망, 네가 원하는 것에 집중하라는 말입니다. 다른 사람의 꿈을 대신 꾸지 말고 네 꿈을 꿔라, 자기의 욕망에 충실해라, 이런 의미예요. 요약하면 '거피취차'는 정해진 이념을 따르는 자가 되지 말고 너의 꿈을 꾸는 자가 되라는 뜻인 거예요. 정해진 이념을 수용하는 자가 되지 말고, 이념의 생산자가 되라는 뜻도 됩니다. 타인과 경쟁하지 말고 자기 자신과 경쟁하라는 뜻도 됩니다.

'안분지족' 같은 말은 자기가 가진 분수에 편안해하고 그것에 만족하라는 말이죠. 대개 이것을 굉장히 소극적으로 해석하지만 적극적인 해석도 가능합니다. 이와 비슷한 말 중에 '안빈낙도安貧樂道'라는 말이 있어요. 여기서 '안빈'은 네가 가난해도 당당함을 잃으면 안 된다는 뜻이에요. '안분'도 네가 가진 분수에 당당하라는 말이고요. 너의 생각, 너의 꿈을 쑥스러워하거나 정해진 이념과 기준에 견주어서 생각하지 말라는 거예요. 자신을 정해진 이념과 기준에 견주어 보는 한 스스로 당당해지기 힘듭니다. 그런 면에서 안빈낙도는 엄청나게 적극적인 말이에요. 너의 가난에 주눅 들지 말고 당당하게 도의 높이에 서라, 이런 뜻이에요. 아무리 가난하더라도 자신이 '도'의 높이에 있는 한 절대 주눅 들 수 없죠. 자기 자신을 긍정하고 삶을 즐길 수 있는 매우 고급스러운 신념입니다.

이상을 추구하면 너는 집단이 정한 것을 수행하는 사람에 불과할 것이다, 너를 추구해야 진정으로 독립적이고 자유로운 인격이 될 수 있고, 거기서 큰 성취가 나온다는 뜻이 거피취차에 담겨 있어요. 타인의 눈으로 너를 보지 말고 너의 눈으로 너를 보라는 것이죠.

봐야 하는 대로 보는 것은 세상이 정해준 대로 보는 것이고, 보이는 대로 보는 것이 내 눈으로 보는 거예요. 봐야 하는 대로 보는 것은 '우리'의 눈으로 보는 거예요. 그것은 내가 보는 게 아니에요. 그러니까 보이는 대로 볼 때만 나는 독립적으로 자유롭게 존재하는 거예요. '우리'가 정해놓은 모든 신념과 이념이 다 사라진, 있는 그대로 나에게 다가오는 세상을 보이는 대로 보는 것, 그것이 바로 내 눈으로 보는 거예요. 그런 의미에서 '거피취차'와 '보이는 대로 본다'는 것은 완전히 같은 말이 됩니다.

노자와 장자의 기본 메시지는, 낡고 헛되고 진실도 아니면서 권위를 세우며 저 멀리 걸려 있는 이념에 봉사하느라 너의 영혼을 탕진하지 말라는 거예요. 진짜 있는 것은 저 멀리 걸려 있는 이념이 아니라 바로 너 자신이고 바로 여기다, 너에게만 있는 고유하고 순수한 너의 삶의 의지이고 욕망이다, 이것을 거피취차로 표현한 겁니다.

골프를 칠 때도 공을 끝까지 보고 고개를 들지 않는 것이 제일 중요해요. 고개를 든다는 것은 클럽에 공이 맞기도 전에 내 공이 어디로 갈지 먼저 보려는 거잖아요. 누구나 이런 어리석음을 보이죠. 그러나 공이 날아갈 먼 곳을 미리 보려는 마음을 억누르고 클럽이 공에 맞는 것만 보면 공이 더 정확히 맞고 더 멀리 가거든요.

공에 클럽이 맞기도 전에 공이 갈 곳을 미리 쳐다보려 하면, 공이 제대로 맞을 리가 없습니다.

더구나 공을 저 멀리 쳐야겠다거나 세게 쳐서 저 멀리 보내야겠다고 마음먹는 순간 온몸에 힘이 들어가서 잘 되지 않아요. 운동의 기본은 힘을 빼는 것입니다. 그게 무위無爲예요. 그래서 노자는 무위이무불위無爲而無不爲, 즉 무위를 행하면 되지 않는 일이 없다고 말합니다. 혹은 무위하기만 하면 다 잘된다고도 새길 수 있죠.

노자나 장자 등의 도가 사상을 읽을 때는 비틀즈의 노래 〈Let it be〉나 존 레논의 〈Imagine〉이 떠오르곤 합니다. 〈Let it be〉는 제목 자체에 이미 도가적인 냄새가 잔뜩 묻어 있지요. 〈Imagine〉에는 이런 구절이 나와요. "Imagine all the people living for today." 사람들 모두가 오늘을 위해서 사는 날을 꿈꾸는 것이지요. 우리에겐 사실 오늘만 존재해요. 내일은 오지 않았고 과거는 지나갔으니까요.

그런데 사람들은 과거를 붙들고 놓지 못하거나 오지도 않은 미래를 위해서 오늘을 쉽게 버리죠. 다 헛된 일입니다. 신실로 존재하는 것은 과거도 아니고 미래도 아니에요. 오직 오늘, 즉 현재죠. 과거와 미래는 저기 있는 것이고, 현재는 지금 여기 있는 것입니다. 저기 있는 것들에 봉사하느라 여기 있는 것들을 희생시키지 말아야죠. 그래야 현실적으로 큰 성취를 이룰 수 있습니다.

니체의 '아모르 파티'도 너의 운명을 사랑하라는 거잖아요. 너의 운명을 사랑해야지 저 멀리 있는 이념을 사랑하지 말라는 거예요. 행복을 추구하지 말고, 지금 당장 행복할 수밖에 없게 만드는 좋은 습관을 기르라는 것이지요. 다른 사람들이 말하는 사랑을 배워서 하려고 하지 말고, 운명처럼 너에게 온 바로 그 사랑을 하라는 것입니다. 관념화된 행복이나 사랑은 저기 멀리 있습니다. 행복을 느끼게 해주는 지금의 좋은 습관이나 다른 이들은 해본 적 없는 고유한 나만의 사랑이 지금 여기 있는 것이죠.

『도덕경』의 전체적인 맥락을 짚어보면, 우리 가운데 한 명이 되려고 하지 말고 우리에서 벗어나 고유한 너로 존재하라는 웅변을 느끼지 않을 수 없습니다. 그렇게 존재하는 각자 각자가 튼튼한 우리를 만든다고 믿는 것이죠. 고유한 자율성을 지닌 '나'들의 연합으로 된 '우리'가 더 건강하다는 것입니다. 사회 전체가 따라야 할 이념을 미리 정해놓고 그 이념에 따라 개별자들을 일사불란하게 통일시키려 해서는 건강한 사회를 만들 수 없습니다.

대기만성과 대기면성은
어떻게 다릅니까?

41장의 '대기만성大器晚成'은 흔히 "큰 그릇은
늦게 이루어진다"라는 의미로 비교적 잘 알려져 있던
구절이었는데, 사실은 '만晚' 자가 '면免' 자의
오기誤記라고 하셨을 때 적잖이 당황스러웠습니다.
여러 판본마다 기록이 다른데 '대기만성'이 아니라
'대기면성大器免成'으로 해석해야 하는 까닭은
무엇입니까?

여기서는 '면免'이 맞는 해석이에요. '대기만성大器晚成'은 "아주 큰 그릇은 늦게 이루어진다"라는 뜻으로 보통 알고 있죠. 그러나 여기서는 "아주 큰 그릇은 특정한 형태로 고정되지 않는다"라는 의미로 새겨야 합니다. 앞뒤 문장을 함께 보면 알 수 있습니다.

『도덕경』 41장에 나오는 구절입니다. '대기면성' 앞에는 '대방무우大方無隅'가 나오죠. "진짜 큰 사각형에는 모서리가 없다"라는 뜻입니다. '대기면성' 다음에는 '대음희성大音希聲'과 '대상무형大象無形'이 나옵니다. "진짜 큰 음에는 소리가 없다"라는 뜻이고, "진짜 큰 형상은 모습이 없다"라는 뜻이죠. 앞뒤에 함께 쓰여 있는 문구 모두 부정의 형식을 취하고 있습니다. 우리의 고정관념을 파괴시켜 진정으로 큰 도의 작용을 표현하는 말들이지요. 갑자기 "큰 그릇은 늦게 이뤄진다"라는 말이 나오면 맥락에 맞지 않고 생뚱맞은 글쓰기가 되어버립니다. 얼른 봐도 여기서 갑자기 "큰 그릇은 늦게 이루어진다"가 나오면 앞뒤 맥락이 맞지 않다는 것을 느끼시겠죠?

진짜 큰 그릇은 특정한 형태로 고정되지 않는다, 이렇게 해야 문맥에도 노자의 의도에도 맞아요. '대기만성'에 희망을 걸었던 분들한테는 대단히 죄송하지만 말이에요. 그렇다고 해서 '대기만성'이라는 말과 그 의미가 사라지는 건 아닐 테니 용기를 내세요. 『도덕경』 안에서만은 '대기만성'이 아니라 '대기면성'이라는 말입니다.

무위와 갓난아기 상태는
어떻게 연결될까요?

57장에서 노자는 통치자가 인위적 문명 체계가 아니라
자연의 원리인 무위의 방식을 채택하면 백성들은
저절로 교화되고, 저절로 올바로 되며,
저절로 부유해지고, 저절로 순박해진다고 말합니다.
또한 갓난아기와 같은 상태로 돌아갈 것을
이야기하는데 무위와 갓난아기 같은 상태를
어떻게 연결지어 해석할 수 있을까요?

노자는 갓난아기를 완전한 존재로 봅니다. 갓난아기와 같은 상태는 인간이 회복해야 할 원래의 상태죠. 공자는 노자와 달리 인간을 부족하게 태어난 존재로 봐요. 그러니 학습이 필요하죠. 학습이란 기본적으로 모방하는 것이므로 모델이 필요해요. 그 모델이 바로 성인聖人입니다. 성인은 이상과 이념을 생산하거나 정해주는 수준 높은 사람이죠. 성인이 만들어서 정해놓은 이념과 이상을 모방하고 숙지하고 따르면 도덕적으로 완성될 수 있다고 보는 거예요.

노자는 이런 구도 자체에 문제가 있다고 봅니다. 특정한 이념이나 이상을 설정하고 그것이 기준이 되어버리자마자 그 기준에 따라서 구분하고 배제하고 억압하는 일련의 폭력적 상황이 발생한다는 거지요. 노자에 따르면 인간은 처음부터 완벽한 상태로 태어나므로, 그 완벽한 상태를 잘 유지하고 잃지 않는 것이 핵심이 됩니다. 노자는 인간의 최고 상태를 인위적인 조작이 닿기 이전의 갓난아이 상태로 보는 거예요. 어떠한 가치관이나 신념의 통제에 따라 세계와 관계 맺지 않는다면 이게 바로 무위입니다.

공자식의 인간관을 갖고 있으면 인간은 통제받아야 해요. 노자식의 인간관은 인간의 자율성을 훨씬 더 많이 보장합니다. 우리에게는 공자식의 인간관이 더 익숙한 것이 사실입니다. 우리는 보통 어린아이를 아직 어른이 덜 된 상태로 보죠. 어른은 도달해야 할 이상적인 상태이고, 어린아이는 아직 어른이 덜 된 부족한 존재이기에 어른이 되려고 노력해야 한다는 것입니다.

이렇게 보면, 어린아이는 항상 부족한 상태로 살 수밖에 없습니다. 그저 어른이 되려고 분발해야만 합니다. 어린아이로서는 한 번도 행복할 수가 없습니다. 행복해본 적이 없는 어린아이가 어른이 되어서 어떻게 자존감이니 자신감이니 자부심을 가질 수 있겠습니까? 자신감과 자존감이 없으면 창의성도 있을 수 없고 질문도 할 수가 없습니다. 따라 하기나 대답하기만 잘하게 됩니다. 어린아이에게 어린아이의 행복을 돌려주어야 합니다. 어린아이는 아직 어른이 덜 된 상태가 아니라 어린아이일 뿐입니다. 어린아이 시절의 행복은 어린아이에게 목적 그 자체입니다.

많은 가정에서 자식을 부족한 존재로 보고, 부모가 원하는 길을 강요합니다. 자식에게 자신의 인생 결정권을 돌려주어야 합니다. 노자는 아이들이 자신의 인생을 결정할 수 있을 정도의 자율성을 지니고 있다고 믿습니다. 그래서 각자 자신의 길을 스스로 정하게 합니다. 이런 생각을 가진 부모라면, 자식에게 다음과 같이 말할 것입니다. "너는 너의 주인이야. 네 인생은 네가 결정할 수 있어. 네 내면의 소리를 듣고 마음껏 네 꿈을 펼쳐봐. 우리는 옆에서 박수를 쳐줄게." 이런 말을 듣는 자녀들은 완전히 다른 방식으로 자랄 수 있습니다.

공자는 교육을 강조하고 노자는 교육을 부정했다고 보는 사람들이 있어요. 절대 그렇지 않아요. 노자는 자유를 허용하고 자율성을 믿는 교육을 주장한 거고, 공자는 이상적인 기준에 맞춰 체계적으로 학습하는 교육을 주장한 것입니다. 흔히들 자식의 인생에 설정된 프로그램처럼 단계를 정해놓곤 해요. 대학은 언제 들어가고, 군대는 언제 가야 하고, 결혼은 몇 살에 해야 한다 등. 저는 이런 것들이 다 사회적 억압이라고 생각해요. 인간의 삶 자체를 한 편의 영화로 본다면 자기가 어떤 스토리를 어떻게 쓰는지가 중요하지, 정해진 시간에 정해진 방식대로 썼는지는 중요하지 않습니다.

한 강연자가 이런 말을 하더군요. 사람들은 보통 60세까지 열심히 일하고 60세가 넘으면 일을 놓으려고 하는데, 자기에게는 그게 맞지 않는 것 같아서 5년 일하고 5년 쉬는 방식으로 자신의 인생을 설계했다고요. 저는 그 방식이 훨씬 더 자유롭고 고유한 삶의 방식으로 보였어요. 그런 방식이 꼭 옳다는 뜻이 아니라 자신의 인생을 자신의 방식대로 결정해서 사는 것이 훨씬 좋아 보였습니다. 대개는 자기 인생이 아니라, 사회가 정해놓은 프로그램에 맞춰서 살아가잖아요. 물론 직업군에 따라서 이런저런 차이가 있을 수 있겠지요. 또 경우에 따라 고용이 불완전해지고 수입이 일정치 않게 될수도 있을 거예요. 하지만 확실한 것은, 어떤 선택을 하든 거기에 맞는 또 다른 방식의 삶이 펼쳐진다는 것입니다.

인생은 너무나 짧아요. 그러니까 일분일초라도 자기가 원하는 삶을 살아야 해요. 무엇 때문에 좌고우면左顧右眄하다가 진짜 짜릿한 순간을 포기하죠? 무위의 삶이나 갓난아기와 같은 삶은 외부로부터 강제로 주입된 것에 자신을 바치지 않고, 자기 혈관에 흐르는 피의 속삭임을 따라 자신만의 길을 만들며 사는 삶입니다.

백성들을 우직하도록
한다는 게 무슨 의미입니까?

"도를 잘 실천하는 사람은 백성들을 명민하도록
하지 않고 우직하도록 한다. 백성들을 다스리기
어려운 것은 그 지혜가 많기 때문이다."
여기서 '지智'를 부정하는 노자의 생각을 엿볼 수
있는데요. 그렇게 되면 통치자에 대한 백성들의
비판이 차단되는 결과를 초래해 백성들이
자율성을 상실한 소극적인 피지배자에 머물게 되지
않을까요? 이는 자기自己와 자율自律을 중시하는
노자의 정치 철학과도 배치되는 것이 아닐까요?

지智는 자잘한 지식, 딱딱한 지식, 소위 신념화되고 이념화된 지식을 뜻해요. 특정 분야의 전문화된 지식도 여기에 가깝습니다. 이런 지식들과 격이 다른 지적 활동을 노자는 '명明'이라 하는데 이는 통찰이 튀어나오는 지적 활동입니다. 항상 대상과 나 사이에 탄성이 유지되는 상태, 대립면을 함께 포용하는 관용적이고 넓은 인식 능력이죠.

흔히들, 말은 마음을 표현한다고 합니다. 하지만 말은 마음을 감추는 역할도 합니다. 말에는 표현하기와 감추기라는 대립하는 두 기능이 다 있죠. '지'는 말을 표현하는 역할을 한다고만 이해하거나, 감추는 역할을 한다고만 이해하는 것입니다. '명'은 말에 표현하기와 감추기라는 두 가지 역할이 모두 있음을 아는 것입니다. 말을 마음의 표현으로만 아는 사람이나 감추고 숨기기로만 아는 사람은 인식의 폭이 좁다는 의미에서 큰 차이가 없습니다. 좁다란 인식으로 좁다란 삶을 사는 것이죠. 이런 사람들은 과감하고 가볍고 확신에 차 있습니다. '지'의 좁다란 범위에 사는 사람은 가볍고 확신에 차 있기에 분명하고 똑똑해 보이기 쉽지만, '명'의 활동을 하는 사람은 대립면 사이를 왕래해야 하기에 좀 어눌해 보일 수도 있습니다.

『성경』을 한 번 읽은 사람은 백 번 읽은 사람보다 타 종교에 대한 적대감과 자기 종교에 대한 선명성을 분명하고 재빠르게 말하기 때문에 훨씬 더 진실한 기독교인으로 보입니다.『성경』을 백 번 읽은 사람은 자기 종교의 선명성보다도 종교적 삶 자체에 대하여 고민하는 단계로 상승하기에 그다지 잽싸거나 분명한 태도를 보이지 못할 수도 있지요. 『반야심경』을 한 번 읽은 사람과 백 번 읽은 사람에게도 똑같은 차이가 나타납니다. 김수환 추기경님과 법정 스님은 서로 친구가 됩니다. 하지만 기독교를 반년 정도 믿은 사람과 불교를 반년 정도 믿은 사람은 친구 되기 어렵죠.

노자에게서 '우愚'는 백성들을 우둔한 바보로 만든다는 것이 아니라, 작은 지식과 딱딱한 지식을 진리라고 확신하는 사람으로 만들지 않는다는 뜻이에요. 명明나라 말엽 이탁오李卓吾라는 학자는 자신의 책 『속분서續焚書』에서 말합니다. "나는 어려서부터 성인의 가르침을 읽었으나 성인의 가르침을 제대로 알지 못했으며, 공자를 존경했으나 왜 공자를 존경해야 하는지를 스스로 알지 못했다. […] 나이 오십 이전의 나는 정말로 한 마리 개에 불과했다. 앞의 개가 그림자를 보고 짖으면 나도 따라서 짖어댔다. 만약 남들이 짖는 까닭을 물어오면 그저 벙어리처럼 쑥스럽게 웃거나 할 따름이었다." 작은 지식이나 믿음의 형태를 띠는 '지'에 갇히면 스스로를 알지 못하게 될 뿐만 아니라 심지어는 그것을 자기 '생각'으로 착각해요. 이탁오는 스스로 오십 이전에는 '명'의 행사자가 아니라 '지'의 행사자였다고 고백하는 것입니다.

정치인들 가운데 행동이 과감하고 민첩한 사람들은 대개 '지'에 갇힌 사람들이죠. 한쪽의 수호자들입니다. 이념가들이라고도 불리죠. 그들은 대립면을 품으려 하지 않습니다. 대립면을 오히려 제거해야 할 대상으로 보지요. 자신의 주장과 다른 것은 모두 적으로 돌리고, 일소하거나 제거해버리려고 합니다. 말은 마음을 표현하는 것이라는 관점에만 갇히면, 말에 있는 감추는 기능을 제거해버리려고 합니다. 그러면 후련할지 몰라도, 말이 가진 기능의 반만 쓰게 되는 꼴이므로 효율성도 반으로 줄 수밖에 없는 것입니다.

노자는 분명히 말합니다. "그러므로 '지'의 태도로 나라를 다스리면 나라에 해가 되고, '지'의 태도를 쓰지 않으면 나라에 복이 된다." 무식하면 용감합니다. '지'에만 빠져 있으면, 세계의 반쪽으로만 만족하고 용감해집니다. 그 용감함이 나라를 망쳐요. 이렇게 용감한 사람들은 모두 자신을 진리의 수호자라고 믿는데, 사실은 진리의 파괴자들인 거예요. 나라에는 큰 해악을 가져옵니다.

노자는 다른 장에서도 우인愚人의 마음을 어둑하고 어눌한 것으로 묘사합니다. 경계가 분명하지 않고 어리숙하다는 뜻이죠. '유'와 '무'의 경계를 확실히 구분해서 다루면 아주 명민해 보이기는 하지만, 세계는 '유'와 '무'가 분명한 경계 없이 서로 의존해 있습니다. 이 세계는 관계와 변화 속에 있어 어떤 본질을 기준으로 경계가 분명하고 예리하게 나눠질 수 없기에, 세계의 존재 형식을 그대로 따르면 어리숙해 보이죠.

지금 우리나라도 정치가 혼란스럽잖아요. 각자의 진영, 작은 지적 체계에 갇혀서 서로 자기 것만 옳다고 주장하기 때문입니다. 그런데 작은 지적 체계에 갇힌 사람들이 볼 때는 그런 체계 어디에도 속하지 않는 사람들이 바보스럽게 보이거나 회색분자로 보이지요. 그런 상태를 노자는 '우'라고 한 거예요.

노자가 '지'를 비판하면서 '명'의 단계로 나아가자고 하는 것을, 교육을 반대하고 교육 너머의 어떤 경지를 추구하는 것으로 오해하는 경우도 있어요. 그러나 노자는 교육 자체를 부정하는 게 절대 아닙니다. 다시 말하건대 작은 지적 체계에 갇히지 않아야 한다는 거예요.

독재자들은 작은 지적 체계나 이념에 국민을 가두고 볼모로 삼지만, 대중들은 눈치를 못 채죠. 인식의 범위가 좁고 단편적이면, 그런 속임수에 당하는 것을 헌신이나 정의로 착각합니다. 이런 사람들은 한번 가진 믿음 체계에 자신을 다 바쳐버리죠. 단편적인 믿음을 사유로 착각합니다. 스스로 생각하는 능력이 없으면 사람은 쉽게 악에 빠집니다. 그래서 노자가 『도덕경』 3장에서 "저 좁은 지식에 갇힌 헛똑똑이들이 함부로 날뛰지 못하도록 해야 한다[使夫智者不敢爲也]"라고 한 것이죠.

'지'는 말을 표현하는 역할을 한다고만 이해하거나, 감추는 역할을
한다고만 이해하는 것입니다. '명'은 말에 표현하기와 감추기라는
두 가지 역할이 모두 있다는 것을 아는 것입니다. '지'의 좁다란 범위에
사는 사람은 가볍지만 확신에 차 있기에 똑똑해 보이기 쉽지만,
'명'의 활동을 하는 사람은 대립면 사이를 왕래해야 하기에
어눌해 보일 수도 있습니다.

행적이 아니라 계약서를
따진다는 의미는 무엇입니까?

79장에 나오는 "덕이 있는 사람은 계약서를 따지고,
덕이 없는 사람은 행적을 따진다[有德司契, 無德司徹]"를
어떻게 이해해야 할까요? 덕 있는 이라면
눈에 보이는 계약서보다 눈에 보이지 않는 행적을
따지는 게 맞지 않을까 하는 생각이 드는데요.

계약서에는 사실만 기록됩니다. 어떤 감정이나 이념도 들어 있지 않죠. 덕이 있는 사람은 자신의 존재 근거를 외부에 두지 않고 자신에게 두기 때문에 내공이 높습니다. 그런 사람은 사실만을 살피지, 자신의 감정에 휘둘리지 않습니다.

누군가가 문재인 대통령을 비판하는 글을 쓰니 즉각적으로 "박근혜, 이명박 때는 무엇 하고 있었는가?"라는 반응이 나왔다고 합시다. 예전에는 아무 말 않고 있다가 왜 지금에서야 대통령을 비판하는가라는 반응이지요. 이렇게 지금 비판하는 사실에 대해 논의하지 않고 문제를 제기한 자의 지나간 행적만을 따집니다. 과거의 행적과 연관 지어 지금 하는 비판의 정당성을 무너뜨리려는 거죠. "그때 당신은 무엇을 했는가", "나는 그렇게 살지 않았다"라고 말하며 과거의 행적으로 현재의 자신을 정당화하거나 상대방을 무력화하려는 시도들을 논쟁에서 많이 볼 수 있습니다. 이것은 소인들이나 하는 행동이에요. 덕을 갖춘 내공이 높은 사람들은 과거의 행적을 따지면서 지금의 논점에서 벗어나는 행동을 하지 않습니다. 과거의 행적으로 남을 평가하는 사람은 스스로를 과거에 가둔 사람입니다. 그런 이들은 현재나 미래를 살지 못하고 과거를 삽니다. 그러면 발전하는 대신 퇴보하게 되죠.

누군가가 미국을 반대하는 어떤 주장을 합니다. 그러면 우선 반대하는 내용이나 주장이 설득력 있는지를 살펴야 합니다. 이것이 '계약서'대로 한다는 말의 의미예요. 그런데 소인들은 주장 자체에 담긴 내용을 살피기보다는 우선 그가 옛날에 미국에 신청한 비자가 거부된 적이 있어서 미국에 악감정이 있으니 저런 것이라는 둥 그의 행적을 따져서 반대 주장을 무시해버립니다. 계약서 역할을 하는 주장의 내용은 살피지도 않고, 그 주장을 아예 들으려고 하지 않는 태도죠.

이런 사람들은 대개 자신의 독립적인 사고력에 의존하기보다는 자기가 속한 진영의 논리대로 사는 사람들입니다. 자기만의 사유 능력이 배양되지 않은 사람들은 그냥 휩쓸리게 됩니다. 진영의 논리를 대변하기만 하니 생각할 필요가 없어서 점점 사유 능력이 고갈되어가고, 한번 가지게 된 생각을 거칠게 주장하며 평생을 살게 됩니다. 그가 속한 진영 안에서야 박수를 받겠죠.

좁은 진영 안에서 박수를 받고 그것으로 우쭐대며 사는 사람을 공자는 향원鄕原이라고 했습니다. 향원은 덕이 파괴된 자이면서 동시에 덕을 파괴하는 자입니다. 그래서 공자도 "향원은 덕의 적이다 [鄕原德之賊也]", 즉 덕의 파괴자라고 말하지요. 정확한 말입니다.

덕을 갖춘 내공이 높은 사람들은 과거의 행적을 따지면서 지금의 논점에서 벗어나는 행동을 하지 않습니다. 과거의 행적으로 남을 평가하는 사람은 스스로를 과거에 가둔 사람입니다.

그런 이들은 현재나 미래를 살지 못하고 과거를 삽니다.

나라를 작게 하라는 것을
어떻게 이해해야 합니까?

노자가 살았던 시대와 오늘날의 모습이
같을 수는 없겠지만 거대 국가를 지향했던
근대의 반성과 극복이라는 측면에서 80장의 첫 구절
'소국과민小國寡民'이 던지는 화두는 여전히
유효하다는 생각이 듭니다. '소국과민'을
어떻게 이해하고 받아들여야 할까요?

'소국과민小國寡民'은 노자의 통치 철학의 지향점이라 할 수 있어요. 노자는 집중과 통일, 확장보다는 분산과 해체 속에서 자율성을 강조해요. 집단적 이념을 만들어놓고 개인들을 통합하려 하면 조직의 힘이 약해진다는 거예요. 반대로 개인들이 각자 개성과 자율성을 발휘해 자발적 통합을 이루는 조직이 더 강하다고 본 거지요. 노자는 이 상태를 '소국과민'이라고 말합니다. 나라를 작게 하고 백성의 수를 적게 하라는 의미인데, 나라를 중앙집권적으로 통제하는 것이 아니라 작은 단위로 쪼개서 관리하는 거예요.

그럼 나라를 작은 규모로 다스리면 어떤 점이 좋을까요? 우선 사람과 사람 사이에 익명성이 줄어들어요. 서로서로 직접적으로 소통하고 접촉하게 되니까 인간에게 원래 있는 자연적 내재성이 훨씬 잘 발휘될 수 있는 거예요. 개인들의 내재적 자율성이 잘 유지되니까 사회는 더 창조적이 되고 나라도 발전할 수 있겠죠.

개인의 삶도 마찬가지예요. 자기 삶의 양식이 자기로부터 나오지 않거나 세계와 관계하는 방식이 자기로부터 나오지 않는 삶은 결코 창조적일 수 없어요. 자발적이지 않은 것은 생명력이 없고, 효율적인 발전을 기대하기도 어려워요. 그래서 노자는 "자기 자신에게 집중하라", "자기로 돌아가라"라고 강조하는 거예요. 그래야 모든 개별자들의 자발성이 발휘되고 그것이 자율적으로 통합되는 전체를 꿈꿀 수 있기 때문에 그래요. 다른 말로 표현하면 자기를 익명성 뒤에 숨겨 '우리'라는 일반명사 속에 함몰되게 하지 말고, '나'라는 고유명사로 살려내라는 뜻입니다.

도덕경의 현재와 미래

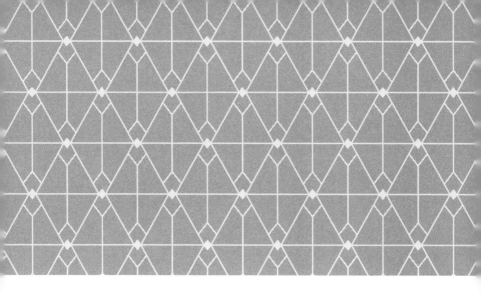

주인이 아니라 손님의 태도로 이 세계를 대하는 자세를 보면
노자의 사상은 근대주의나 인간중심주의를 넘어설 대안이 될
가능성이 있습니다. 지금 인류에게 필요한 태도가 겸손한 손님의
자세니까요. 그래야만 이 지구에서 자연과 조화로운 공생을
도모할 수 있을 것입니다.

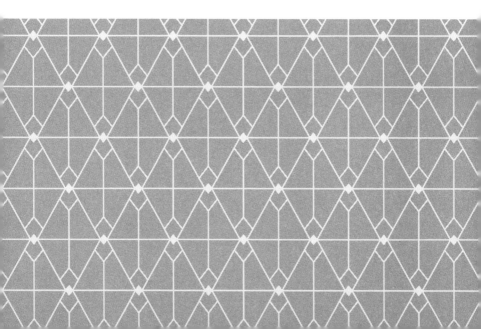

현대 사회에서 도덕경은
어떤 길잡이가 될 수 있을까요?

오늘날 인류가 직면한 여러 가지 문제를 바라보면
노자의 『도덕경』에 더 관심을 갖게 됩니다.
현대 사회의 여러 가지 문제를 해결하는 데
『도덕경』을 어떻게 적용할 수 있을까요?

저는 『도덕경』을 들여다보는 시간보다 실재 세계를 들여다보는 시간이 더 길어야 한다고 생각해요. 노자의 『도덕경』을 현대 사회에 적용하려고 하면 안 돼요. 현대 사회를 들여다보다가 발견한 문제를 해결하는 데 집중하면서 『도덕경』 안에서 힌트를 구하는 정도여야 해요. 우리가 『도덕경』 안에서 힌트를 구할 수 있는 것은 노자의 사상이 현대의 흐름과 통하는 부분이 있기 때문이에요. 현대를 포스트모더니즘 시대라고 하잖아요. 포스트모더니즘의 특징은 이 세계를 실체로 보지 않고 관계로 보는 거예요. 이 세계는 점점 집중통일보다는 분산을, 집단보다는 개인을, 이성보다는 의지와 욕망을 중시하는 방향으로 이행할 것입니다. 이런 흐름에는 본질주의적 특징을 보여주는 공자보다는 관계론적 특징을 보여주는 노자가 훨씬 더 설득력이 있지요. 공자의 사상은 모더니즘에 가깝고 인간중심주의적입니다. 유가 계열의 사상은 인간을 최고 영물로 봅니다. 그런데 도가에서는 어디에도 이런 말이 안 나오거든요. 오히려 인간을 강아지풀, 지푸라기로 만든 개와 같은 차원에서 동등하게 다루죠.

말하자면 인간중심주의는 이 세계의 주인을 인간으로 봅니다. 그런데 노자는 인간을 세계의 주인이 아니라 손님이라고 봐요. 손님으로서의 위치를 유지하는 게 중요하다는 거예요. 현대는 해의 문명에서 달의 문명으로, 불의 문명에서 물의 문명으로, 아버지의 문명에서 어머니의 문명으로 이행 중입니다. 노자도 이런 메타포들로 세계를 이야기했지요. 우리가 현대에 더 효율적인 삶을 영위하기 위해서는 『도덕경』을 참고하는 것이 좋다고 봅니다. 단 너무 많은 것을 구하지 말고 그야말로 참고하는 편이 좋겠다고 생각해요. 어떤 고전도 자기 안에서 자신의 문제의식이나 욕망보다 커서는 안 됩니다. 자기가 고전을 지배해야지, 고전에 지배되면 안 됩니다.

경전에 매몰되는 사람이 너무 많아요. 경전을 숭배해서 그 경전을 근거로 스스로 권력화되는 거예요. 그래서 자신이 숭배하는 그 경전으로 세상을 재단하려 하죠. 이것 자체가 대단히 폭력적이고 비효율적인 행동이라는 것을 알아야 합니다. 인간은 항상 세상에 대한 궁금증과 호기심을 최대한 많이, 그리고 직접 가져야 해요. 그 과정에서 경전을 참고하는 것이지, 경전으로 자기 호기심이나 궁금증의 모양까지 일정하게 만들어서는 안 돼요. 어떤 철학을 접하든 이것을 잊지 말아야 합니다.

열중하면서도 숭배하지 말고 자기보다 크게 보지 말아야 경전이나 고전에 의해서 자기가 손상되는 일 없이 그것들을 밑거름으로 해서 자기를 키울 수 있습니다. 내 존재가 지향하는 바나 존엄성이 어떤 특정한 사상에 종속되지 않아야 해요. 저는 비유적으로 말해서, 공부도 어깨너머로 하는 공부를 최고로 칩니다. 배워야 할 것이 자신보다 더 커 보이지 않는 공부법이기 때문이죠. 열중하면서도 가볍게 할 수 있는 모습이죠? 바둑이 3급이면 어깨너머로 훈수 둘 때는 3단의 실력을 발휘합니다.

궁극적으로는 지식이 아니라 자기를 키워야 합니다. 철학과 사상도 결국은 나의 자존과 나의 성장을 위해 봉사하는 것들이니까요. 이론을 키우기 위해서 내가 존재하는 것이 아닙니다. 이론이 나를 키우기 위해서 존재하는 것입니다.

노자의 철학이 인간중심주의를
극복할 대안이 될까요?

노자의 철학은 유가와 달리 모든 존재물과
가치들이 본질을 기반으로 존재함을 부정하고,
모든 것을 대립항과의 관계나 반대편을 향한
운동으로 읽어내기에 상생과 공존의 가치를
강조하는 듯합니다. 이러한 노자의 자연관이나
생태관이 인간중심주의를 극복하거나
넘어설 철학적 대안이 될 수 있을까요?

노자의 자연관이나 생태관이라고 말할 때 조심해야 할 점은 노자가 자연으로 돌아가자거나 자연을 보호하자는 주장을 했다고 이해하면 안 된다는 것입니다. 노자는 자연이 어떻게 돌아가는지 자세히 관찰하고 거기에서 어떤 원칙을 발견한 후, 그것을 인간 사회에 적용하자고 한 사람입니다. 이때 발견한 자연의 운행 원칙을 노자는 '도道'라고 한 것이죠.

노자의 사상은 생태학보다는 정치학에 가깝습니다. 『도덕경』 안에 자연으로 돌아가자든가 생태를 보호하자는 등의 내용은 나오지 않아요. 분명한 것은 노자가 자연의 운행 원칙을 본받아서 살면 성과가 훨씬 커진다고 말한다는 점입니다. 노자는 자연의 모습을 모델로 하지 않고 인간 내면의 도덕성을 중심에 놓는 한 가치론에 빠질 수밖에 없다고 보았습니다. 가치론은 반드시 이념화하고, 이념은 기준이 되어 사회를 구분하고 배제하고 억압하는 기능을 하게 되거든요. 가치론에 빠지지 말고 사실을 근거로 하자, 사실의 법칙을 인간 법칙으로 응용하자는 것이 노자의 뜻이에요. 사실이 자연인 것이죠.

노자에 대한 가장 큰 오해 가운데 하나가 자연관에 있다고 봐요. 노자를 생태주의자 혹은 자연보호론자로 보면 노자를 반문명론자로 잘못 해석하게 돼요. 노자는 철저한 문명론자예요. 자연의 운행 원칙을 응용한 문명을 추구한 거죠. 노자를 반문명론자로 간주하는 것은 노자를 완전히 잘못 이해하고 있는 거예요.

그러나 주인이 아니라 손님의 태도로 이 세계를 대하는 자세를 보면 노자의 사상은 근대주의나 인간중심주의를 넘어설 대안이 될 수도 있습니다. 지금 인류에게 필요한 태도가 겸손한 손님의 자세니까요. 그래야만 이 지구에서 자연과 조화로운 공생을 도모할 수 있을 것입니다.

노자가 지금 환영받는 이유는 쓸모가 있기 때문이에요. 사람들은 무의식적이든 의식적이든 쓸모없는 것을 원하지 않아요. 노자의 사상이 왜 쓸모 있느냐 하면 노자의 사상이 현대성과 닮아 있어서 그래요. 공자의 사상은 모더니즘, 즉 근대성과 가깝고, 노자의 철학은 현대적인 사유 구조를 보인다고 앞에서도 강조했죠. 현대에 적응하고픈 욕망이 강한 사람에겐 공자보다는 노자의 통찰력이 훨씬 실용적일 거예요. 모더니즘의 핵심은 실체관實體觀이죠. 이것은 이것으로 존재할 수밖에 없도록 하는 본질에 근거해서 이것으로 있고, 저것은 저것으로 존재할 수밖에 없도록 하는 본질에 근거해서 저것으로 있다는 것이 실체관의 내용입니다.

포스트모더니즘의 핵심은 관계성에 있어요. 존재는 그것을 그것으로 존재하게 하는 본질을 근거로 해서 있는 것이 아니라 대립면들이 서로 짜인 관계로, 즉 교직交織되어 드러나 있을 뿐이라는 것이죠. 모든 가치나 존재자들은 다 관계성의 현현顯現일 따름입니다. 노자 사상의 핵심은 대립면의 관계로 이 세계가 이루어진다는 것입니다. 노자는 이것을 유무상생有無相生으로 표현한다고 했죠. 세계를 관계로 표현하는 대표적인 사상가 가운데 한 명이 노자예요. 더 분명한 것으로 불교의 반야학般若學이 있죠. 장자도 그렇고,

주역周易도 어느 정도는 그렇습니다. 노자의 사상이 관계론을 피력한다는 이 기본적인 토대가 현대성과 닿아 있죠. 관계론으로 보면 노자의 모든 사상이 다 설득력 있게 도출됩니다.

노자 사상의 해체주의적
면모는 어떻습니까?

노자의 사유는 그동안 근대성을 뒷받침해온 가치들인
남성중심주의나 인간중심주의, 물질주의, 이분법적 사유
구조 등을 배척한다는 점에서 데리다의 해체주의 철학과도
종종 견주어지는 것 같습니다. 요컨대 데리다는 과거의
철학사가 형이상학적이고 이분법적인 사유 구조에 얽매여
인간과 세계의 관계를 제대로 설명하지 못한다는 비판으로부
터 자신의 철학을 출발시킵니다. 이는 노자가 공자를 비판한
것과 상당히 유사하지 않은가 합니다. 노자 사상이 지닌
해체주의적 면모에 대한 설명을 부탁드립니다. 이 면모를
현대의 여러 가지 문제들에 적용할 수 있지 않을까요?

노자가 궁극적으로 해체하려고 했던 것은 모든 구축構築이에요. 즉 본질주의를 해체한다는 거죠. 제가 볼 때는 노자 사상이 가진 해체주의적인 특성, 즉 관계론적 특성이 노자 사상의 현대성을 보여주는 데 중요한 점입니다. 노자의 사상이 공자의 그것보다 훨씬 더 오래된 기원을 가지면서 관계론적 특성을 보인다면, 혹시 우리 문명의 원형은 훨씬 관계론적인 모습을 지니고 있지 않았을까라고도 생각해봅니다. 그래서 저는 노자를 현대 철학자라고 봐요. 사회의 어떤 필요가 사상을 호출하는 거잖아요. 21세기를 살아가는 우리가 노자의 사상에서 도움받을 내용과 참조할 만한 것이 있으니까 지금 노자를 소환하는 것이라고 봅니다.

노자의 사상을 이해할 때 사상의 내용만큼 그가 살았던 시대도 중요하게 볼 필요가 있습니다. 모든 철학은 시대의 산물이죠. 보편적인 형식을 띠고 있지만, 시간과 공간의 제약 속에서 태어납니다. 따라서 그 어떤 철학도 모든 상황, 모든 시대에 맞는 해답이나 정답이 될 수 없습니다. 보편적 형식을 띠고 있다고 해서 보편적으로 적용될 수 있다는 것은 아니에요. 보편적 형식을 띤다는 것은 추상화되었다는 의미예요. 추상화될수록 보편화의 길을 가게 되죠. 기본적으로 모든 철학은 당대의 특수한 문제를 해결하려는 추상적 사유가 보편 형식으로 체계화된 것이에요. 어떻게 보면, 특수한 문제를 보편적으로 승화시키는 사유 활동 자체가 철학입니다.

특수한 문제라고 하는 이유는 시공간적인 제한 안에서 발생한 문제이기 때문입니다. 노자가 해결하려 했던 문제는 이 세계의 모든 문제가 아니라, 이 세계의 어떤 범위 안에 있는 문제예요. 공자도 마찬가지죠. 공자나 노자를 제대로 이해하려면 그들이 사유의 대상으로 삼은 시대가 어떤 시대인지 아는 것이 중요해요. 그럼에도 불구하고 노자를 공부한 사람은 노자의 사상으로 이 세계의 모든 문제를 해결하려고 덤빕니다. 공자를 공부한 사람도 공자의 사상으로 모든 문제를 해결하려고 덤비죠. 이론이나 경전을 지배할 지적 공력이 없으면, 이처럼 그것들을 숭배하는 수밖에 없습니다.

지적 활동이 독립적이지 않고 종속적이면 자기에게 주입된 철학을 이 세계의 모든 문제를 해결해줄 만병통치약으로 착각하죠. 지혜가 좁고 작을 경우, 어떤 사상가의 이야기를 들으면 그 사상가가 자신의 모든 문제를 해결해줄 것처럼 여겨지곤 하거든요. 연애할 때 이 노래를 들어도 내 노래 같고, 저 노래를 들어도 내 노래 같은 기분이 드는 일과 유사할 것입니다. 철학은 철학자 자신이 처한 특수한 현실의 문제를 누구나 이해 가능한 보편 구조로 추상화하고 승화시킨 이론 체계이죠. 하나의 철학으로 세계의 모든 문제를 해결하려 들면 안 돼요. 철학자들이 그러했듯이 내가 발견한 문제를 어떻게 보편적으로 승화시킬 것인가라는 고민을 철저하게 해야죠.

『도덕경』을 읽은 사람들은 『도덕경』으로 모든 문제를 해결하고 설명하려고 하기보다, 노자의 사상을 빌려 지혜의 근육을 단련하고 사유를 확장해야 합니다. 『도덕경』을 추종하는 일보다 자신을 『도덕경』보다 더 크고 단단하게 성장시키는 일이 중요합니다.

노자가 궁극적으로 해체하려고 했던 것은 모든 구축構築이에요.
즉 본질주의를 해체한다는 거죠. 제가 볼 때는 노자 사상이 가진
해체주의적인 특성, 즉 관계론적 특성이 노자 사상의 현대성을
보여주는 데 중요한 점입니다.

그동안 노자를 계속 이야기해온
이유가 무엇입니까?

선생님께서는 노자 사상과 『도덕경』에 대한 강의를
20년 넘게 해오셨습니다. 노자 사상과 어떻게 처음
만나게 되셨는지, 노자 사상의 어떤 면모 때문에 그토록
긴 시간 동안 노자를 이야기해오셨는지 궁금합니다.

저를 동양철학의 세계로 끌어주신 은사 정인재 선생님이 처음 해주신 강독이 『노자왕필주老子弼注』였어요. 그 책을 여럿이 함께 읽었는데, 훗날 도가철학을 전공한 사람은 저뿐이에요. 노자 사상이 제 생각이나 성향과 잘 맞았습니다. 사실 저희 아버지가 굉장히 유가적이셨어요. 제 세대의 아버님들이 많이 그러셨듯 주자 신봉자처럼 사셨어요. 어릴 때는 그런 아버지에게 반감도 가졌고요.

노자를 접하고 받은 첫인상은 사유의 폭이 크고 자유롭다는 것이었습니다. 이것저것 세밀하게 따지지 않고 억압적이지 않은 자유스러운 기풍을 느끼고 깊이 매료되었습니다. 제가 1970년대 마지막 학번이고 또 그때가 군부독재 시절이라 『도덕경』 안에 담긴 자유스러운 기풍이 더 저를 매료시켰는지도 모르겠어요.

제 박사학위 논문은 사실 노자가 아니라 장자에 관한 연구예요. 그것도 당唐나라 초기의 장자 해석에 관해 연구했어요. 논문 제목은 '성현영成玄英의 『장자소莊子疏』 연구'입니다. 나중에 장자 해석에 나타나는 문제들의 연원을 계속 따지고 올라가다가 노자에 이르렀지요. 철학적으로 보면 공자보다는 노자가, 노자보다는 장자가 사유의 폭이 넓고 추상 정도가 높다고 생각합니다. 노자의 철학은 통치술과 관련되는데, 장자의 철학에는 매우 인식론적이고 미학적이고 절대 자유를 추구하는 기풍이 있어요. 철학적으로 노자보다 훨씬 승화된 높이와 넓이를 보여줘요. 저는 대중들을 향해서 이제야 장자 강의를 시작했습니다. 대중들이 노자에 대한 이해가 쌓이니, 장자를 이해할 수 있게 되고 필요하다고 느끼는 것 같아요.

이 시대의 젊은이는
어떤 길을 찾아야 할까요?

요즘은 '3포세대'를 넘어 'N포세대'라는 신조어까지
등장했습니다. 그만큼 사회·경제적 압박으로 인해
젊은이들이 포기해야 할 것이 많아졌다는 얘기겠지요.
지금 우리 사회의 젊은이들이 놓인 상황이 그리
호락호락하지 않은데 무슨 말을 건넬 수 있을까요?
젊은이들은 어떤 길을 찾아야 할까요?

현실이 호락호락하지 않죠. 그리고 섣불리 위로의 말을 해주기도 어려운 것이 사실이죠. 그런데 하나 생각해볼 문제가 있긴 해요. 젊은이들에게 현실이 호락호락했던 적은 인류 역사상 한 번도 없었다는 사실이에요. 호락호락하지 않은 내용이 시대마다 다를 뿐이지요. 지금 젊은이들에게는 일자리가 없는 것이 호락호락하지 않은 현실이죠. 그런데 어떤 젊은이들은 태어나보니 나라가 없어요. 또 어떤 젊은이들은 태어나보니 먹을 게 부족해요. 나라가 없거나 먹을 게 부족한 것도 호락호락하지 않은 현실이죠. 청춘이 불안한 이유는 항상 현실이 호락호락하지 않기 때문이에요. 젊은이들에게 호락호락한 현실은 어느 시대에도 없어요. 시대마다 항상 다른 문제들이 생기기 때문입니다. 인류의 발전사는 언제나 호락호락하지 않은 현실의 문제를 고민하고 해결한 결과들의 축적입니다.

젊은이들이 무언가를 해보려고 해도 시스템이나 환경이 허용하지 않는다는 말도 해요. 이것도 물론 동의합니다. 모든 의미 있는 일들은 시스템과 환경을 돌파하는 일이에요. 시 한 줄도 다 정해진 시스템과 환경이 지배하는 생각들을 돌파하면서 생긴 이단적인 흔적입니다.

저는 시스템과 환경의 역할이나 효율성을 무시하지는 않습니다. 예를 들어, 교육의 개선을 말할 때 교육 제도의 문제를 먼저 언급하곤 하는데, 부정적으로 보이는 제도를 탓하기보다 우선 그 제도 안에서 내가 할 수 있는 진실한 도전을 떠올려야 하지 않을까요?

제 경험상 어떤 일에서든지 제도와 환경을 가장 중요한 문제로 앞세워 제기하는 사람들은 정작 문제를 해결하려는 의지가 그렇게 강하지 않더군요.

가정에서 자녀들을 기를 때는 어떤가요? 남들과 똑같이 학원에 보내서 남들과 똑같이 교육을 받게 하죠. 그런데 사실 그렇게 해서는 탁월한 사람으로 성장하기 어렵다는 것도 다 알죠. 그럼에도 누구나 보내요. 옆집도 보내니까. 그러면서 다들 주위 환경 때문에 어쩔 수 없다고 말하죠. 자녀의 흥미보다 주위의 환경 때문에 학원에 보내는 것이라면, 이는 환경의 지배를 받아들이는 삶일 뿐입니다. 자신의 자발성에 집중하지 않는 사람은 항상 시선이 외부로 향하게 되어 있어요. 그런 사람들은 고유한 나 자신을 중시하기보다 차라리 우리 가운데 한 명으로 존재하는 것을 더 편안해하죠. 자녀들의 진정한 행복과 발전을 원한다면 자녀를 우리 중의 한 명으로 기르기보다 고유한 주체로 길러내는 것이 좋습니다. 젊은이들에게도 이런 태도가 필요하다고 봅니다. 습관적으로 '학'을 반복한다면 수많은 사람 가운데 한 명이나 익명성 뒤에 감춰진 존재로 사는 것을 벗어나기 힘들어요. 자치自治와 자율自律 능력을 회복해야 일반명사가 아닌 고유명사로서의 삶을 살 수 있습니다.

시스템이나 환경을 개선하려는 의지와, 시스템과 환경을 탓하기부터 하는 태도는 전혀 다르게 인식되어야 합니다. 그것들을 탓하는 태도를 그것들을 개선하려는 의지로 착각하면 안 됩니다.

인류의 발전사는 언제나 호락호락하지 않은 현실의 문제를 고민하고
해결한 결과들의 축적입니다. 모든 의미 있는 일들은 시스템과 환경을
돌파하는 일이에요. 시 한 줄도 다 정해진 시스템과 환경이 지배하는
생각들을 돌파하면서 생긴 이단적인 흔적입니다.

우리 시대의 철학과 문학은
어떤 모습이어야 할까요?

마지막 질문입니다. 철학과 문학의 연결고리 또한
적지 않은 듯해서 이런 질문을 드려봅니다.
우리 시대의 철학 혹은 우리 시대의 문학은
어떤 모습이어야 할까요?

철학은 시대의 산물이라는 말을 앞에서 했습니다. 저는 이 점을 더 강조하여 철학은 시대의 산물이어야 한다고 말하고 싶습니다. 설령 그것이 철학적인 이론 구조를 가졌더라도, 시대의 구체성에서 출발하지 않았다면, 저는 별로 의미를 두지 않습니다. 플라톤도 그렇고, 니체도 그렇고, 공자도 그렇고, 장자도 그렇습니다. 철학자들은 모두 그 시대를 진실하고도 치열하게 산 사람들입니다. 자신이 살던 세계의 바로 그 시점에서 자신이 발견한 구체적인 문제를 고도의 추상적인 사유의 높이에서 읽고 해결하고자 했지요.

혹자는 그런 사유의 결과를 수용하는 것을 철학이라고 착각하기도 합니다. 플라톤의 『국가론』을, 노자의 『도덕경』을 철학이라고 생각하지요. 『국가론』이나 『도덕경』은 철학 자체가 아닙니다. 철학을 한 결과물들입니다. 철학적 활동이 담겨 있는 책이죠. 철학적인 높이에서 한 사유가 생산한 산물입니다. 철학은 구체적인 문제를 추상적인 고도의 높이에서 사유하여 보편화하는 지적 활동입니다. 명사적이라기보다는 동사적입니다.

철학은 시대의 산물이고, 시대의 산물이어야 하지만 저는 문학도 그래야 한다고 봐요. 어떤 철학이든 어떤 문학이든 그것이 한번 보편으로 승화되고 나면, 보편의 바탕이 되었던 토양은 잘 포착되지 않거든요. 토양은 어느 순간 사라져버리고 위에 창백하게 남은 이론 체계만, 즉 보편으로 승화된 이론적 구조물만 남잖아요. 철학이 됐든 문학이 됐든 그것이 보여주는 형식도 중요하지만, 보다 중요한 것은 철학자나 작가가 그들이 살던 구체적인 시대 안에서 다음과 같은 물음에 고유하게 답하는 것이어야 합니다. "당신은 당신의 시대에 누구였는가?", "당신은 무엇을 봤는가? 거기서 무슨 문제를 발견하고 무슨 불편함을 느꼈는가?", "그 불편함과 문제를 해결하기 위해서 당신은 무엇을 했는가?", "도대체 당신은 누구인가?", 이런 질문들에 수준 높게 반응하는 것이 철학이고 문학이어야 한다고 믿습니다.

제가 이상적으로 여기는 인문적 활동은 구체적인 세계의 문제를 역사적으로 관찰하고 철학적으로 승화하여 문학적으로 표현하는 것입니다. 이런 활동이 자신의 삶이 되고, 또 그것을 문장으로 남길 수 있다면, 무엇을 더 바라겠습니까. 그런데 이런 막연한 이상을 품고 살다가 하나 깨달은 것이 있어요. 그 정도의 문장은 쓴다고 해서 써지는 것이 아니라 그렇게 살아낸 자의 삶이 자연스럽게 글이 되어 드러나는 것이라고. 결국은 어떻게 살 것인가가 가장 근본적인 문제입니다.

———————◆———————

"당신은 당신의 시대에 누구였는가?",
"당신은 무엇을 봤는가? 거기서 무슨 문제를 발견하고 무슨 불편함을
느꼈는가?", "그 불편함과 문제를 해결하기 위해서 당신은 무엇을 했는가?",
"도대체 당신은 누구인가?", 이런 질문들에 수준 높게 반응하는 것이
철학이고 문학이어야 한다고 믿습니다.

2부

나 홀로 읽는 도덕경

第1章

道可道, 非常道,

名可名, 非常名。

無, 名天地之始,

有, 名萬物之母。

故常無, 欲以觀其妙,

常有, 欲以觀其徼。

此兩者, 同出而異名,

同謂之玄,

玄之又玄,

衆妙之門。

제1장

온갖 것들의 문

도가 말해질 수 있으면 진정한 도가 아니고
이름이 개념화될 수 있으면 진정한 이름이 아니다.
무는 이 세계의 시작을 가리키고
유는 모든 만물을 통칭하여 가리킨다.
언제나 무를 가지고는
세계의 오묘한 영역을 나타내려 하고,
언제나 유를 가지고는
구체적으로 보이는 영역을 나타내려 한다.
이 둘은 같이 나와 있지만 이름을 달리하는데,
같이 있다는 그것을 현묘하다고 한다.
현묘하고도 현묘하구나.
이것이 바로 온갖 것들이 들락거리는 문이로다.

第2章

천하개지미지위미
天下皆知美之爲美,

사오이
斯惡已。

개지선지위선
皆知善之爲善,

사불선이
斯不善已。

유무상생
有無相生,

난이상성
難易相成,

장단상교
長短相較,

고하상경
高下相傾,

음성상화
音聲相和,

전후상수
前後相隨,

항야
恒也。

시이성인처무위지사
是以聖人處無爲之事,

행불언지교
行不言之敎。

만물작언이불시
萬物作焉而弗始,

생이불유
生而弗有,

^{위 이 불 지}
爲而弗志,
^{공 성 이 불 거}
功成而弗居,
^{부 유 불 거 시 이 불 거}
夫唯弗居, 是以弗去。

서로 살게 해주는

세상 사람들이 모두 아름답다고 하는 것을
아름다운 것으로 알면
이는 추하다.
세상 사람들이 모두 좋다고 하는 것을
좋은 것으로 알면
이는 좋지 않다.
유와 무는 서로 살게 해주고
어려움과 쉬움은 서로 이뤄주며
길고 짧음은 서로 비교하고
높음과 낮음은 서로 기울며
음과 성은 서로 조화를 이루고
앞과 뒤는 서로 따르니
이것이 세계의 항상 그러한 모습이다.
자연의 이런 원칙을 본받아
성인은 무위하는 일을 하며,
불언의 가르침을 행한다.

만물이 잘 자라는 것을 보고

그것을 자신이 시작하도록 했다고 하지 않고,

잘 살게 해주고도

그것을 자신의 소유로 하지 않으며,

무엇을 하되

그것을 자신의 뜻대로 하려 하지 않는다.

공이 이루어져도 그 이룬 공 위에 자리 잡지 않는다.

오로지 그 공 위에 자리 잡지 않기 때문에 버림받지 않는다.

第3章

不尙賢,

使民不爭。

不貴難得之貨,

使民不爲盜。

不見可欲,

使民心不亂。

是以聖人之治,

虛其心,

實其腹,

弱其志,

强其骨。

常使民無知無欲,

使夫智者不敢爲也。

爲無爲,

則無不治。

제3장

무위의 다스림

똑똑한 사람을 높이 치지 않아야

백성들이 경쟁에 휘말리거나 다투지 않게 된다.

얻기 어려운 재화를 귀하게 여기지 않아야

백성들이 도적이 되지 않는다.

욕심 낼 만한 것들을 보이지 않아야

백성들의 마음이 혼란스러워지지 않는다.

그래서 성인이 하는 정치는

그 마음은 텅 비우게 하고

그 배를 채워주며

그 의지는 유약하게 해주고

그 뼈대를 강하게 한다.

항상 백성들로 하여금 무지 무욕하게 하고,

저 지혜롭다고 하는 자들로 하여금

감히 무엇을 하려고 하지 못하게 한다.

무위를 실천하면

다스려지지 않는 것이 없다.

第4章

道^도沖^충而^이用^용之^지或^혹弗^불盈^영。

淵^연兮^혜!

似^사萬^만物^물之^지宗^종。

湛^담兮^혜!

似^사或^혹存^존。

吾^오不^부知^지誰^수之^지子^자,

象^상帝^제之^지先^선。

비어 있으나 끝이 없는

도는 텅 비어 있다.

그러나 그 작용은 끝이 없다.

깊기도 하구나!

마치 만물의 근원 같다.

신비롭기도 하구나!

마치 진짜로 있는 것 같다.

나는 그것이 누구의 자식인지 모르겠다.

하느님보다도 먼저 있었던 듯하다.

第5章

天^천地^지不^불仁^인。

以^이萬^만物^물爲^위芻^추狗^구。

聖^성人^인不^불仁^인。

以^이百^백姓^성爲^위芻^추狗^구。

天^천地^지之^지間^간,

其^기猶^유橐^탁籥^약乎^호!

虛^허而^이不^불屈^굴,

動^동而^이愈^유出^출。

多^다言^언數^삭窮^궁,

不^불如^여守^수中^중。

제5장

풀무와 같은

천지는 인하지 않다.

만물을 모두 풀강아지로 여긴다.

성인은 인하지 않다.

백성을 모두 풀강아지로 여긴다.

천지 사이는

풀무와 같구나!

텅 비어 있지만 작용은 그치지 않고,

움직이면 움직일수록 생명력이 넘친다.

말이 많으면 금방 한계에 봉착한다.

중을 지키는 것이 제일이다.

第6章

<ruby>谷<rt>곡</rt></ruby><ruby>神<rt>신</rt></ruby><ruby>不<rt>불</rt></ruby><ruby>死<rt>사</rt></ruby>,

곡 신 불 사
谷神不死,

시 위 현 빈
是謂玄牝。

현 빈 지 문
玄牝之門,

시 위 천 지 근
是謂天地根。

면 면 약 존
綿綿若存,

용 지 불 근
用之不勤。

미묘한 모성

계곡의 신은 죽지 않는다.

이를 일러 미묘한 모성이라 한다.

암컷의 갈라진 틈,

이를 일러 천지의 근원이라 한다.

면면히 이어져오면서 겨우 있는 것 같지만,

그 작용은 무궁무진하도다.

第7章

天^천長^장地^지久^구。

天^천地^지所^소以^이能^능長^장且^차久^구者^자,

以^이其^기不^부自^자生^생,

故^고能^능長^장生^생。

是^시以^이聖^성人^인後^후其^기身^신而^이身^신先^선,

外^외其^기身^신而^이身^신存^존,

非^비以^이其^기無^무私^사邪^사,

故^고能^능成^성其^기私^사。

제7장

장생의 까닭

천지 자연은 장구하다.

천지 자연이 장구할 수 있는 까닭은

그 자신을 살리려고 하지 않기 때문이다.

그러므로 장생할 수 있다.

성인은 이러한 자연의 이치를 본받아

자신을 내세우지 않는다.

그러나 오히려 앞서게 된다.

그 자신을 도외시하지만

오히려 자신이 보존된다.

그것은 자신의 사적인 기준이나 의욕을

버린 것이 아니겠는가?

그래서 능히 그 자신을 완성할 수 있다.

第8章

上善若水。
水善利萬物而不爭,
處衆人之所惡,
故幾於道。
居善地,
心善淵,
予善天,
言善信,
正善治,
事善能,
動善時,
夫唯不爭, 故無尤。

물의 덕

가장 훌륭한 덕은 물과 같다.
물은 만물을 이롭게만 하지 다투지는 않고,
주로 사람들이 싫어하는 곳에 처한다.
그러므로 도에 가깝다.
물과 같은 이런 덕을 가진 사람은
살아가면서 낮은 땅에 처하기를 잘하고,
마음 씀씀이는 깊고도 깊으며,
베풀어줄 때는 천도처럼 하기를 잘하고,
말 씀씀이는 신실함이 넘친다.
정치를 한다면 질서 있게 잘하고,
일을 할 때는 능력에 잘 맞추며,
거동을 할 때는 때를 잘 살핀다.
오로지 다투지 않으므로 허물이 없구나.

第9章

持而盈之,
^{지 이 영 지}

不如其已。
^{불 여 기 이}

揣而銳之,
^{추 이 예 지}

不可長保。
^{불 가 장 보}

金玉滿堂,
^{금 옥 만 당}

莫之能守。
^{막 지 능 수}

富貴而驕,
^{부 귀 이 교}

自遺其咎。
^{자 유 기 구}

功遂身退,
^{공 수 신 퇴}

天之道也。
^{천 지 도 야}

물러날 순간

계속 채우려 드는 것보다는
멈추는 것이 더 낫고,
잘 다듬어 예리하게 하면
오래갈 수 없다.
온갖 금은 보화를 집안 가득 채우지만
그것을 지킬 수가 없고,
부유하고 높은 자리에 있다 하여 교만하면
스스로 허물을 남기는 꼴이다.
공이 이루어지면 물러나는 것이
자연의 이치이다.

第10章

載營魄抱一,
재 영 백 포 일

能無離乎?
능 무 리 호

專氣致柔,
전 기 치 유

能嬰兒乎?
능 영 아 호

滌除玄覽,
척 제 현 람

能無疵乎?
능 무 자 호

愛民治國,
애 민 치 국

能無爲乎?
능 무 위 호

天門開闔,
천 문 개 합

能爲雌乎?
능 위 자 호

明白四達,
명 백 사 달

能無知乎?
능 무 지 호

제10장

무지의 태도

혼과 백을 싣고서 하나로 안아
분리되지 않게 할 수 있는가?
기를 집중시켜 몸을 부드럽게 하기를
어린애처럼 할 수 있는가?
우주를 비추는 마음의 거울을 닦기를
아무 흠도 남아 있지 않게 할 수 있는가?
백성을 사랑하고 나라를 다스림에
무위자연의 방식으로 할 수 있는가?
감관을 통해 외부와 관계를 맺음에
암컷의 태도를 유지할 수 있는가?
사방 세계를 밝게 이해함에 있어
무지의 태도로 할 수 있는가?

第11章

三十^{삼십폭}輻共一轂,
當^{당기무}其無,
有^{유차지용}車之用。
埏^{연식이위기}埴以爲器,
當^{당기무}其無,
有^{유기지용}器之用。
鑿^{착호유이위실}戶牖以爲室,
當^{당기무}其無,
有^{유실지용}室之用。
故^{고유지이위이}有之以爲利,
無^{무지이위용}之以爲用。

208

무의 기능

삼십 개의 바퀏살이 하나의 곡에 모이는데,
그 텅 빈 공간이 있어서
수레의 기능이 있게 된다.
찰흙을 빚어 그릇을 만드는데,
그 텅 빈 공간이 있어서
그릇의 기능이 있게 된다.
문과 창문을 내어 방을 만드는데,
그 텅 빈 공간이 있어서
방의 기능이 있게 된다.
그러므로 유는 이로움을 내주고,
무는 기능을 하게 한다.

第12章

五色令人目盲,

五音令人耳聾,

五味令人口爽。

馳騁畋獵令人心發狂,

難得之貨令人行妨。

是以聖人爲腹不爲目。

故去彼取此。

제12장

눈을 위하지 않는다

다섯 가지로 구분된 색깔은
사람의 눈을 멀게 하고,
다섯 가지 구분된 소리는
사람의 귀를 먹게 하며,
다섯 가지 구분된 맛은
사람의 입맛을 잃게 한다.
말을 달리며 즐기는 사냥이
사람의 마음을 미치게 하고,
얻기 어려운 재화가
사람의 행동을 어지럽힌다.
이러하기 때문에
성인은 배를 위할망정
눈을 위하지 않는다.
그러므로
저것을 버리고 이것을 취한다.

第13章

寵辱若驚,

貴大患若身。

何謂寵辱若驚?

寵爲下,

得之若驚,

失之若驚,

是謂寵辱若驚。

何謂貴大患若身?

吾所以有大患者,

爲吾有身。

及吾無身,

吾有何患?

故貴以身爲天下,

若可寄天下,

愛以身爲天下,

若可託天下。

제13장

내 몸과 같이

총애를 받거나 수모를 당하거나
모두 깜짝 놀란 듯이 하라.
큰 환난을 귀하게 여기기를
내 몸과 같이 하라.
총애를 받거나 수모를 당하거나
모두 깜짝 놀란 듯이 하라는 말은 무슨 뜻인가?
총애는 하등의 것이다.
그것을 얻어도 놀란 듯이 하고,
그것을 잃어도 놀란 듯이 한다.
이것이 총애를 받거나 수모를 당하거나
모두 깜짝 놀란 듯이 하라는 말의 뜻이다.
큰 환난을 귀하게 여기기를
내 몸과 같이 하라는 말은 무슨 뜻인가?
나에게 큰 환난이 있는 까닭은 나에게 몸이 있기 때문이다.
나에게 몸이 없다면
나에게 어떤 환난이 있겠는가?

그러므로

자신의 몸을 천하만큼이나 귀하게 여긴다면

천하를 줄 수 있고,

자신의 몸을 천하만큼이나 아낀다면

천하를 맡길 수 있을 것이다.

第14章

^{시 지 불 견}
視之弗見,

^{명 왈 미}
名曰微。

^{청 지 불 문}
聽之弗聞,

^{명 왈 희}
名曰希。

^{박 지 불 득}
搏之弗得,

^{명 왈 이}
名曰夷。

^{차 삼 자}
此三者,

^{불 가 치 힐}
不可致詰,

^{고 혼 이 위 일}
故混而爲一。

^{일 자 기 상 불 교}
一者其上不曒,

^{기 하 불 매}
其下不昧。

^{승 승 불 가 명}
繩繩不可名,

^{복 귀 어 무 물}
復歸於無物。

^{시 위 무 상 지 상}
是謂無狀之狀,

^{무 물 지 상}
無物之象。

^{시 위 황 홀}
是謂恍惚。

迎之不見其首,
隨之不見其後。
執古之道,
以御今之有。
能知古始,
是謂道紀。

제14장

아무것도 없는 모습

보려 해도 보이지 않는 것을
일컬어 미라 하고,
들으려 해도 들리지 않는 것을
일컬어 희라 하며,
만져보지만 만져지지 않는 것을
일컬어 이라 한다.
이 세 가지는
끝까지 따져볼 수가 없다.
왜냐하면 원래부터 섞여 하나이기 때문이다.
이 '하나'라는 것은 그 위는 밝지가 않고,
그 아래는 어둡지가 않다.
새끼줄처럼 두 가닥으로 꼬여 있어
개념화할 수가 없으며,
아무것도 없는 곳으로 돌아간다.
이것을 형상 없는 형상이라 하며,
아무것도 없는 모습이라 한다.

이를 일러 황홀이라 한다.

앞에서 맞이해 보지만 그 머리가 보이지 않고,

뒤에서 따라가 보지만 그 뒷모습이 보이지 않는다.

옛날의 도를 가지고

지금의 현실을 다스린다.

옛날의 시작을 알 수 있는 것을

도기라고 한다.

第15章

古之善爲道者,
고 지 선 위 도 자

微妙玄通, 深不可識。
미 묘 현 통   심 불 가 식

夫唯不可識,
부 유 불 가 식

故强爲之容。
고 강 위 지 용

豫兮若冬涉川,
예 혜 약 동 섭 천

猶兮若畏四隣,
유 혜 약 외 사 린

儼兮其若客,
엄 혜 기 약 객

渙兮其若凌釋,
환 혜 기 약 능 석

敦兮其若樸,
돈 혜 기 약 박

曠兮其若谷,
광 혜 기 약 곡

混兮其若濁。
혼 혜 기 약 탁

孰能濁以靜之徐清,
숙 능 탁 이 정 지 서 청

孰能安以動之徐生?
숙 능 안 이 동 지 서 생

保此道者, 不欲盈。
보 차 도 자   불 욕 영

夫唯不盈, 故能蔽而不成。
부 유 불 영   고 능 폐 이 불 성

제15장

마치 손님처럼

옛날에 도를 잘 실천하는 자는

미묘하고 현통하며 그 깊이를 알 수가 없다.

알 수 없기 때문에

억지로 그 모습을 다음과 같이 묘사할 뿐이다.

조심조심 하는구나! 마치 살얼음 낀 겨울 내를 건너는 듯이 한다.

신중하구나! 사방을 경계하는 듯이 한다.

진중하구나! 마치 손님과 같다.

풀어져 있구나! 마치 녹아가는 얼음과 같다.

돈후敦厚하구나! 마치 통나무 같다.

텅 비어 있구나! 마치 계곡과 같다.

소탈하구나! 마치 흐린 물과 같다.

누가 혼탁한 물을 고요하게 하여 서서히 맑아지게 할 수 있으며,

누가 가만히 있는 것을 움직여서 생기가 살아나게 할 수 있는가?

이런 이치를 지키는 자는 꽉 채우려 들지 않는다.

오직 채우지 않기 때문에,

자신을 너덜너덜하게 하지 특정한 모습으로 완성치 않는다.

第16章

至虛,恒也。
지 허 항 야

守中,篤也。
수 중 독 야

萬物竝作,
만 물 병 작

吾以觀復。
오 이 관 복

夫物芸芸,
부 물 운 운

各復歸其根。
각 복 귀 기 근

歸根曰靜,
귀 근 왈 정

是謂復命。
시 위 복 명

復命曰常,
복 명 왈 상

知常曰明。
지 상 왈 명

不知常,
부 지 상

妄作凶。
망 작 흉

知常容,
지 상 용

容乃公,
용 내 공

公乃王,
공 내 왕

王乃天,
왕 내 천

天乃道。

道乃久,

沒身不殆。

제16장

오래가는 길

텅 빈 상태를 유지해야 오래가고,

중을 지켜야 돈독해진다.

만물이 다 함께 번성하는데,

나는 그것을 통해 되돌아가는 이치를 본다.

만물은 무성하지만,

제각각 자신의 뿌리로 돌아간다.

뿌리로 돌아가는 것을 일러 정이라 하는데,

명을 회복한다는 말이다.

명을 회복하는 것을 늘 그러한 이치라 하고,

늘 그러한 이치를 아는 것을 명이라 한다.

늘 그러한 이치를 알지 못하면,

제멋대로 나쁜 일을 하게 된다.

늘 그러한 이치를 알면 포용하게 되고,

포용력이 있으면 공평하게 되며,

공평할 줄 알면 왕 노릇을 할 수 있다.

왕 노릇을 하는 일은 곧 하늘에 부합하는 것이며,

하늘에 부합하는 일이 곧 자연의 이치이다.
자연의 이치대로 하면 오래갈 수 있으며,
죽을 때까지 위태롭지 않다.

第17章

太上_{태상}, 下知有之_{하지유지}。

其次_{기차}, 親而譽之_{친이예지}。

其次_{기차}, 畏之_{외지}。

其次_{기차}, 侮之_{모지}。

信不足焉_{신부족언},

有不信焉_{유불신언}。

悠兮_{유혜}, 其貴言_{기귀언}。

功成事遂_{공성사수},

百姓皆謂我自然_{백성개위아자연}。

제17장

백성들과 통치자

최고의 단계에서는

백성들이 통치자가 있다는 것만 안다.

그다음은 친밀함을 느끼고 그를 찬미한다.

그다음은 그를 두려워한다.

그다음은 그를 비웃는다.

통치자가 백성들을 믿지 않기 때문에,

백성들도 통치자를 믿지 못한다.

조심스럽구나! 그 말을 아낌이여.

공이 이루어지고 일이 마무리되어도,

백성들은 모두

"우리는 원래부터 이랬어!"라고 하는구나.

第18章

大_대道_도廢_폐,
有_유仁_인義_의。
慧_혜智_지出_출,
有_유大_대僞_위。
六_육親_친不_불和_화,
有_유孝_효慈_자。
國_국家_가昏_혼亂_란,
有_유忠_충臣_신。

대도가 망가지면

대도가 망가져서
인의를 제창하게 되고,
지혜가 출현하여
큰 거짓이 있게 되며,
가정이 화목하지 못하니
효성이나 자애의 관념이 생겨나고,
국가가 혼란하여
충신이 있게 된다.

第19章

絶聖棄智,
_{절 성 기 지}

民利百倍。
_{민 리 백 배}

絶仁棄義,
_{절 인 기 의}

民復孝慈。
_{민 복 효 자}

絶巧棄利,
_{절 교 기 리}

盜賊無有。
_{도 적 무 유}

此三者,
_{차 삼 자}

以爲文不足。
_{이 위 문 부 족}

故令有所屬。
_{고 령 유 소 속}

見素抱樸,
_{견 소 포 박}

少私寡欲。
_{소 사 과 욕}

제19장

이상을 끊으면

성인이라는 이상을 끊고
지혜로운 자의 형상을 버리면,
백성들의 이익은 훨씬 커진다.
인의의 관념을 끊어버리면,
백성들은 효성과 인자함을 회복하게 된다.
기교와 이로움을 끊어버리면,
도적이 없어진다.
이 세 가지는
모두 인위적으로 만들어진 것이니
충분치가 않다.
그러므로 다음과 같은 방침을 지키게 한다.
소박함을 견지하고,
사욕을 줄여라!

第20章

絶^절學^학無^무憂^우。

唯^유之^지與^여阿^아, 相^상去^거幾^기何^하?

美^미之^지與^여惡^악, 相^상去^거若^약何^하?

人^인之^지所^소畏^외, 不^불可^가不^불畏^외人^인。

荒^황兮^혜, 其^기未^미央^앙哉^재!

衆^중人^인熙^희熙^희,

如^여亨^형太^태牢^뢰, 如^여春^춘登^등臺^대。

我^아獨^독泊^박兮^혜, 其^기未^미兆^조。

沌^돈沌^돈兮^혜, 如^여嬰^영兒^아之^지未^미孩^해,

儽^내儽^래兮^혜, 若^약無^무所^소歸^귀。

衆^중人^인皆^개有^유餘^여, 而^이我^아獨^독若^약遺^유。

我^아愚^우人^인之^지心^심也^야哉^재!

沌^돈沌^돈兮^혜,

俗^속人^인昭^소昭^소, 我^아獨^독昏^혼昏^혼。

俗^속人^인察^찰察^찰, 我^아獨^독悶^민悶^민。

澹^담兮^혜其^기若^약海^해,

^{요 혜 약 무 지}
飂兮若無止。
^{중 인 개 유 이}
衆人皆有以,
^{이 아 독 완 사 비}
而我獨頑似鄙。
^{아 독 이 어 인}
我獨異於人,
^{이 귀 식 모}
而貴食母。

제20장

홀로 우매한

배움을 끊으면 근심이 없어진다.
'예'와 '응' 사이의
거리가 얼마나 되겠는가?
'아름다움'과 '추함' 사이의
거리는 또 얼마나 되겠는가?
백성들이 두려워하는 군주는
또 그 백성들을 두려워하지 않을 수 없다.
넓기도 하구나, 그 끝이 드러나지 않는다.
사람들은 다 희희낙락하는구나,
큰 소를 잡아 잔치를 벌이는 것처럼
봄날 누각에 오른 것처럼 떠들썩하다.
나 혼자 조용하구나,
아무것도 드러내지 않는다.
혼돈스러운 모습이구나,
마치 웃음도 아직 배우지 못한 갓난아기 같다.
축 처져 있구나,

돌아갈 곳이 없는 것 같다.

사람들은 다 넉넉한데,

나만 홀로 부족한 듯하다.

나는 어리숙한 마음을 가졌구나!

우매하고도 우매하다!

세상 사람들은 다 분명한데,

나만 홀로 어둑하구나.

세상 사람들은 다 자세히도 살피는데,

나만 홀로 어눌하구나.

고요하고도 깊구나, 마치 바다와 같다.

바람결 같구나, 어디에도 매임이 없다.

사람들은 다 무엇인가를 위하지만,

나만 홀로 쓸모가 없다.

나만 홀로 세상 사람들과 다르구나.

식모食母를 귀하게 여긴다.

第21章

孔德之容, 惟道是從。
_{공 덕 지 용 유 도 시 종}

道之爲物, 惟恍惟惚。
_{도 지 위 물 유 황 유 홀}

惚兮恍兮, 其中有象。
_{홀 혜 황 혜 기 중 유 상}

恍兮惚兮, 其中有物。
_{황 혜 홀 혜 기 중 유 물}

窈兮冥兮, 其中有精。
_{요 혜 명 혜 기 중 유 정}

其精甚眞, 其中有信。
_{기 정 심 진 기 중 유 신}

自古及今, 其名不去,
_{자 고 급 금 기 명 불 거}

以閱衆甫。
_{이 열 중 보}

吾何以知衆甫之狀哉?
_{오 하 이 지 중 보 지 상 재}

以此。
_{이 차}

236

황하고도 홀하다

큰 덕의 모습이란 오직 도를 따르는 것이다.
도라는 것은 정말 황하고도 홀하다.
홀하고 황하구나! 그 안에 형상이 있다.
황하고 홀하구나! 그 안에 사물이 있다.
요하고 명하구나! 그 안에 실정이 있다.
그 실정은 매우 참되어서, 그 안에 미더움이 있다.
예부터 지금까지 그 이름이 떠나지 않으니,
그것을 통해 시작을 보는구나.
나는 무엇으로써 모든 것이
시작되는 상태를 알겠는가?
이것에 의해서이다.

第22章

曲則全,
^{곡 즉 전}

枉則直。
^{왕 즉 직}

窪則盈,
^{와 즉 영}

弊則新。
^{폐 즉 신}

少則得,
^{소 즉 득}

多則惑。
^{다 즉 혹}

是以聖人執一爲天下式。
^{시 이 성 인 집 일 위 천 하 식}

不自見, 故明。
^{부 자 견 고 명}

不自是, 故彰。
^{부 자 시 고 창}

不自伐, 故有功。
^{부 자 벌 고 유 공}

不自矜, 故長。
^{부 자 긍 고 장}

夫唯不爭, 故天下莫能與之爭。
^{부 유 부 쟁 고 천 하 막 능 여 지 쟁}

古之所謂曲則全者,
^{고 지 소 위 곡 즉 전 자}

豈虛言哉!
^{기 허 언 재}

誠全而歸之。
^{성 전 이 귀 지}

제22장

구부리면 온전해지고

구부리면 온전해지고,

휘면 펴지게 된다.

파이면 꽉 차게 되고,

낡으면 새로워진다.

줄이면 얻게 되고,

늘리면 미혹된다.

이치가 이러하기 때문에

성인은 일一을 가지고서,

천하의 통치 방식으로 삼는다.

자신의 관점으로 보지 않기 때문에

최고의 인식에 도달하고,

자기를 옳다고 하지 않으니

오히려 빛나게 되며,

자기를 드러내지 않기 때문에

공이 있게 되고,

자기를 내세우지 않기 때문에

지도자가 된다.

오직 다투지 않기 때문에

이 세상에 아무도 그와 다툴 수 없다.

옛날부터 내려오는 '곡즉전'이라는 말이

어찌 헛된 말이겠는가!

정말로 모든 일들이 죄다 거기로 귀결된다.

第23章

希言自然。
^{희 언 자 연}

故飄風不終朝,
^{고 표 풍 부 종 조}

驟雨不終日。
^{취 우 부 종 일}

孰爲此者? 天地。
^{숙 위 차 자   천 지}

天地尙不能久,
^{천 지 상 불 능 구}

而況於人乎!
^{이 황 어 인 호}

故從事於道者同於道,
^{고 종 사 어 도 자 동 어 도}

德者同於德,
^{덕 자 동 어 덕}

失者同於失。
^{실 자 동 어 실}

同於道者,
^{동 어 도 자}

道亦樂得之。
^{도 역 락 득 지}

同於德者,
^{동 어 덕 자}

德亦樂得之。
^{덕 역 락 득 지}

同於失者,
^{동 어 실 자}

失亦樂得之。
^{실 역 락 득 지}

제23장

자연스러운 것

말이 없는 것이 자연스러운 것이다.

그러므로 광풍은 아침 한나절을 불지 못하고,

폭우는 하루 종일 내리지 못한다.

누가 이렇게 하는가? 천지 자연이다.

천지 자연도 그렇게 오래 지속할 수가 없는데,

하물며 사람이 하는 일임에랴!

도의 실현에 종사하는 자는 도와 같아지고,

덕의 실현에 종사하는 자는 덕과 같아지며,

도를 상실한 일에 열중하는 자는

그 상실된 것과 같아진다.

도와 같아진 자는

도 역시 즐거이 그를 취하고,

덕과 같아진 자는

덕 역시 즐거이 그를 취하며,

그 상실된 것과 같아진 자는

그 상실된 일이 즐거이 그를 취한다.

第24章

企者不立,
跨者不行。
自見者不明,
自是者不彰,
自伐者無功,
自矜者不長。
其在道也,
曰餘食贅行。
物或惡之,
故有道者不處。

자신을 드러내면

발뒤꿈치를 들고 서 있는 사람은
오래 서 있지 못하고,
큰 걸음으로 걷는 사람은
오래 걷지 못한다.
자신의 관점으로 보는 사람은
진정한 인식에 도달하지 못하고,
자신이 옳다고 하는 사람은
빛나지 못하며,
자신을 드러내는 사람은
공을 차지하지 못하고,
자신을 내세우는 사람은
지도자가 되지 못한다.
도의 관점에서 보면 이것들은
남은 밥이나 군더더기 같은 행위에 불과하다.
만물은 이런 것들을 싫어한다.
그러므로 도를 체득한 자는 이렇게 하지 않는 것이다.

第25章

有物混成,
유물혼성

先天地生。
선천지생

寂兮寥兮,
적혜요혜

獨立不改。
독립불개

周行而不殆,
주행이불태

可以爲天下母。
가이위천하모

吾不知其名,
오부지기명

强字之曰道,
강자지왈도

强爲之名曰大。
강위지명왈대

大曰逝,
대왈서

逝曰遠,
서왈원

遠曰反。
원왈반

故道大, 天大,
고도대 천대

地大, 王亦大。
지대 왕역대

國中有四大,
국중유사대

而王居其一焉。
이왕거기일언

246

인 법 지
人法地,
지 법 천
地法天,
천 법 도
天法道,
도 법 자 연
道法自然。

소리도 모양도 없이

어떤 것이 혼돈스러운 모습으로 이루어져 있으면서,
천지보다 앞서 살고 있다.
아무 소리도 없고 아무 모양도 없어라.
홀로 서 있으며 달라지지 않는다.
미치지 않는 곳이 없이 운행하면서도
어그러지지 않으니,
이 세상의 어미가 될 수 있다.
나는 그것의 이름을 모른다.
억지로 글자를 붙여 도라 하고,
억지로 거기에 이름을 붙여 크다고 말할 뿐이다.
큰 것은 가게 되고
가면 멀어지며
멀어지면 되돌아온다.
그러므로 도는 크고, 하늘은 크고,
땅은 크고, 왕도 또한 크다.
이 세상에 네 가지 큰 것이 있는데,

왕이 그 가운데 한자리를 차지한다.

사람은 땅을 본받고

땅은 하늘을 본받으며

하늘은 도를 본받고

도는 스스로 그러함을 본받는다.

第26章

重^중爲^위輕^경根^근,
靜^정爲^위躁^조君^군。
是^시以^이聖^성人^인終^종日^일行^행,
不^불離^리輜^치重^중。
雖^수有^유榮^영觀^관,
燕^연處^처超^초然^연。
奈^내何^하萬^만乘^승之^지主^주,
而^이以^이身^신輕^경天^천下^하?
輕^경則^즉失^실本^본,
躁^조則^즉失^실君^군。

제26장

중후하고 안정된 것

중후한 것이 경솔한 것의 근본이 되고

안정된 것은 조급한 것의 우두머리가 된다.

이런 이치를 본받아

성인은 하루 종일 다니면서도

무거운 것을 신고 있는 수레를 떠나지 않는다.

비록 화려한 생활 속에 있으면서도

조용한 곳에서 초연해한다.

어찌 큰 나라의 군주로서

자기 맘대로 천하를 경솔하게 다루겠는가?

경솔하면 근본을 잃게 되고

조급하면 군주의 도리를 잃게 된다.

第27章

선행무철적
善行無轍迹,

선언무하적
善言無瑕謫,

선수불용주책
善數不用籌策.

선폐무관건이불가개
善閉無關楗而不可開,

선결무승약이불가해
善結無繩約而不可解。

시이성인상선구인
是以聖人常善求人,

고무기인
故無棄人。

상선구물
常善救物,

고무기물
故無棄物。

시위습명
是謂襲明。

고선인자 불선인지사
故善人者,不善人之師。

불선인자 선인지자
不善人者,善人之資。

불귀기사
不貴其師,

불애기자
不愛其資,

수지대미
雖智大迷。

시위요묘
是謂要妙。

252

제27장

스승과 거울

정말로 잘 가는 것에는 궤적이 없고,

정말로 잘된 말은 흠을 남기지 않으며,

정말로 셈을 잘 하는 자는 주판을 쓰지 않고,

정말로 잘 닫힌 것은 빗장을 걸지 않아도 열 수가 없으며,

정말로 잘 묶인 것은 노끈을 쓰지 않아도 풀 수가 없다.

이런 이치를 본받아 성인은

정말로 사람을 잘 구제하기 때문에

버려지는 사람이 없고,

정말로 사물을 잘 구제하기 때문에

버려지는 사물이 없다.

이것이 바로 습명襲明이다.

그러므로 좋은 사람은 좋지 않은 사람의 스승이고,

좋지 않은 사람은 좋은 사람의 거울이다.

그 스승을 귀하게 여기지 않고, 그 거울을 아끼지 않으면,

비록 지혜롭다 할지라도 크게 미혹될 것이다.

이것이 바로 요묘要妙이다.

第28章

知其雄, 守其雌,
_{지 기 웅 수 기 자}

爲天下谿。
_{위 천 하 계}

爲天下谿, 常德不離,
_{위 천 하 계 상 덕 불 리}

復歸於嬰兒。
_{복 귀 어 영 아}

知其白, 守其黑,
_{지 기 백 수 기 흑}

爲天下式。
_{위 천 하 식}

爲天下式, 常德不忒。
_{위 천 하 식 상 덕 불 특}

復歸於無極。
_{복 귀 어 무 극}

知其榮, 守其辱,
_{지 기 영 수 기 욕}

爲天下谷。
_{위 천 하 곡}

爲天下谷, 常德乃足,
_{위 천 하 곡 상 덕 내 족}

復歸於樸。
_{복 귀 어 박}

樸散則爲器。
_{박 산 즉 위 기}

聖人用之,
_{성 인 용 지}

則爲官長。
_{즉 위 관 장}

故大制不割。
_{고 대 제 불 할}

되돌아가다

그 남성성을 알고 그 여성성을 지키면,

천하의 계곡이 된다.

천하의 계곡이 되면 언제나 덕이 떠나질 않아,

갓난아기의 단계로 되돌아간다.

그 백색을 알고 그 흑색을 지키면,

천하의 모범이 된다.

천하의 모범이 되면 언제나 덕이 어긋나질 않아,

한계가 없는 곳으로 되돌아간다.

그 영광스러움을 알고 욕됨을 지키면,

천하의 골이 된다.

천하의 골이 되면 언제나 덕이 곧 족하게 되어,

질박한 통나무로 되돌아간다.

통나무가 흩어지면 그릇이 된다.

성인은 그 통나무의 이치를 써서,

통치자 노릇을 한다.

그러므로 큰 통치는 가르지 않는다.

第29章

將欲取天下而爲之,
_{장 욕 취 천 하 이 위 지}

吾見其不得已。
_{오 견 기 부 득 이}

天下神器,
_{천 하 신 기}

不可爲也。
_{불 가 위 야}

爲者敗之,
_{위 자 패 지}

執者失之。
_{집 자 실 지}

故物或行或隨,
_{고 물 혹 행 혹 수}

或歔或吹,
_{혹 허 혹 취}

或强或羸,
_{혹 강 혹 리}

或培或隳。
_{혹 배 혹 휴}

是以聖人
_{시 이 성 인}

去甚,
_{거 심}

去奢,
_{거 사}

去泰。
_{거 태}

뜻대로

천하를 차지하기 위해서 무엇인가를 하는데,

나는 그것이 뜻대로 되지 않음을 볼 뿐이다.

천하는 신령스러운 기물이어서,

의지가 개입된 행위로 무엇을 할 수 있는 것이 아니다.

강한 의지로 하려는 자는 그것을 망칠 것이고,

꽉 잡고 놓지 않으려는 자는 그것을 잃을 것이다.

원래 세상의 사물에는

앞서는 것이 있는가 하면

뒤따르는 것이 있고,

따뜻한 온기로 감싸주는 것이 있는가 하면

찬 기운을 내뿜는 것도 있다.

어떤 것은 강하지만 또 어떤 것은 유약하다.

솟아나는 것이 있는가 하면 무너지는 것도 있다.

이 때문에 성인은

극단적으로 하거나 사치하거나

지나치게 하지를 않는다.

第30章

以道佐人主者,

不以兵強天下。

其事好還。

師之所處, 荊棘生焉。

大軍之後, 必有凶年。

善者果而已,

不敢以取強。

果而勿矜,

果而勿伐,

果而勿驕。

果而不得, 已居,

是謂果而勿強。

物壯則老,

是謂不道。

不道早已。

거기서 멈추기

도로써 군주를 보좌하는 자는
군사적 힘으로 천하를 강제하지 않는다.
그런 일은 반드시 대가를 치를 것이다.
장수가 호령하던 곳에는 가시덤불이 자라나고,
대군이 지나간 후에는 반드시 흉년이 든다.
잘하여 성과를 내었으면 이내 멈추고,
감히 건강한 태도를 취하지 않는다.
성과를 이루고도 뽐내지 않고
성과를 이루고도 으스대지 않으며
성과를 이루고도 교만하게 굴지 않는다.
성과를 이루고서 완전히 차지하지는 못했어도
거기서 멈추는 것,
이것이 바로 성과를 내었으면 건강하게 하지 않는다는 말이다.
무엇이나 강장하면 늙어진다.
이것이 바로 도답지 않다고 하는 말이다.
도답지 않으면 일찍 끝나버린다.

第31章

夫兵者,不祥之器,

物或惡之,

故有道者不處。

君子居則貴左,

用兵則貴右。

兵者,不祥之器,

非君子之器,

不得已而用之,

恬淡爲上。

勝而不美,

而美之者,

是樂殺人。

夫樂殺人者,

則不可得志於天下矣。

吉事尚左,

凶事尚右。

偏將軍居左,
上將軍居右,
言以喪禮處之。
殺人之衆,
以哀悲泣之。
戰勝, 以喪禮處之。

제31장

전쟁과 병기

무릇 병기란 상서롭지 못한 기물이어서
어떤 것이나 모두 그것을 싫어하는 것 같다.
그러므로 도를 따르는 자는 그것에 처하지 않는다.
군자는 평상시에는 왼쪽을 높이고
전쟁을 할 때는 오른쪽을 높인다.
병기는 상서롭지 못한 기물이어서
군자의 기물이 아니다.
어쩔 수 없어서 그것을 쓰는데,
초연하고 담담함을 지키는 것이 제일 좋다.
승리하고도 그것을 아름답게 여기지 않는다.
만일 그것을 아름답게 여긴다면
살인을 좋아하는 꼴이 된다.
살인을 좋아하고서야
천하에 뜻을 이룰 수 없을 것이다.
길사에는 왼쪽을 높은 자리로 하고
흉사에는 오른쪽을 높은 자리로 한다.

편장군이 왼쪽에 자리 잡고
상장군이 오른쪽에 자리 잡는 것은
상례에 따라 자리를 잡는다는 말이다.
많은 사람을 죽였으니
비통한 마음으로 읍하는 것이다.
전쟁에 이겼으면 상례를 갖춰 마무리한다.

第32章

道常無名,

樸雖小,

天下莫能臣也。

侯王若能守之,

萬物將自賓。

天地相合,

以降甘露,

民莫之令而自均,

始制有名。

名亦既有,

夫亦將知止。

知止,

所以不殆。

譬道之在天下,

猶川谷之與江海。

제32장
항상 이름이 없는

도는 항상 이름이 없다.

질박하고 비록 미약하지만,

이 세상 아무것도 그것을 신하로 부릴 수 없다.

통치자가 그것을 지킬 수 있으면

만물은 스스로 모여들어 복종할 것이다.

하늘과 땅이 만나

단 이슬을 내리듯이,

백성들은 명령을 내리지 않아도 저절로 안정된다.

제한을 하고 나서야 이름이 있게 된다.

이름이 이미 있게 된 바에야

또한 한계를 알아야 한다.

한계를 아는 것이

위태롭게 되지 않는 까닭이다.

도가 이 세계에 있는 것을 비유하자면,

마치 작은 시내들이

강이나 바다로 흘러드는 관계와 같다.

第33章

知^지人^인者^자智^지,
自^자知^지者^자明^명。
勝^승人^인者^자有^유力^력,
自^자勝^승者^자强^강。
知^지足^족者^자富^부,
强^강行^행者^자有^유志^지。
不^부失^실其^기所^소者^자久^구,
死^사而^이不^불亡^망者^자壽^수。

자신을 아는 자

타인을 아는 자는 지혜로울 뿐이지만,

자신을 아는 자라야 명철하다.

타인을 이기는 자는 힘이 센 데 불과하지만,

자신을 이기는 자라야 진정한 강자이다.

족함을 아는 자가 진정한 부자이며,

억지로 행하는 자는 특정한 의지를 가지고 있기 때문이다.

자신이 자리할 곳을 잃지 않는 자가 오래가고,

죽어서도 잊히지 않는 자가

진정으로 장수하는 사람이다.

第34章

大道氾兮,
其可左右。

萬物恃之以生而不辭。

功成不名有。

衣養萬物而不爲主, 常無欲。

可名於小。

萬物歸焉而不爲主,

可名於大。

以其終不自爲大,

故能成其大。

대도의 넓음

대도는 넓어서

왼쪽이나 오른쪽이 모두 가능하고,

만물이 모두 그것에 의지하여 살고 있지만

귀찮아하지 않는다.

공이 이루어져도 이름을 갖지 않는다.

만물을 양육하면서도 주인 노릇을 하지 않고 항상 무욕하다.

그래서 작다는 이름을 붙일 수 있다.

만물이 모두 그곳으로 귀속되어도 주인 행세를 하지 않는다.

그래서 크다는 이름을 붙일 수 있다.

절대 스스로를 크게 만들려고 하지 않기에,

그래서 그 위대함을 이룰 수 있는 것이다.

第35章

집 대 상   천 하 왕
執大象, 天下往。

왕 이 불 해   안 평 태
往而不害, 安平太。

낙 여 이   과 객 지
樂與餌, 過客止。

도 지 출 언   담 호 기 무 미
道之出言, 淡乎其無味。

시 지 부 족 견
視之不足見,

청 지 부 족 문
聽之不足聞,

용 지 부 족 기
用之不足旣。

270

제35장

태평한 세상의 도

도의 위대한 원리를 가지고 있으면,

이 세상 모두가 그리로 돌아간다.

그리로 돌아가서는 서로 해를 입히지 않으니,

태평한 세상이구나.

듣기 좋은 음악과 맛있는 음식은

지나가는 나그네의 발길이라도

멈추게 하지만,

도는 언어로 표현해봐도

심심하니 아무런 맛도 없다.

그것은 보려 해도 보일 수가 없고,

그것은 들으려 해도 들릴 수가 없으며,

그것은 사용해도 다해질 수가 없다.

第36章

將欲歙之，必固張之。
將欲弱之，必固强之。
將欲廢之，必固興之。
將欲奪之，必固與之。
是謂微明。
柔弱勝剛强。
魚不可脫於淵。
國之利器不可以示人。

제36장

부드럽고 약한 것

장차 접고 싶으면
먼저 펴주어야 한다.
장차 약화시키고 싶으면
먼저 강화시켜주어야 한다.
장차 폐지하고 싶으면
먼저 잘 되게 해주어야 한다.
장차 뺏고 싶으면
먼저 주어야 한다.
이것을 미명이라고 한다.
부드럽고 약한 것이 굳세고 강한 것을 이긴다.
고기는 물을 떠나면 안 되고,
나라의 날카로운 도구로
사람들을 교화하려 하면 안 된다.

第37章

道_도常_상無_무爲_위而_이無_무不_불爲_위。

侯_후王_왕若_약能_능守_수之_지,

萬_만物_물將_장自_자化_화。

化_화而_이欲_욕作_작,

吾_오將_장鎭_진之_지以_이無_무名_명之_지樸_박。

無_무名_명之_지樸_박,

夫_부亦_역將_장無_무欲_욕。

不_불欲_욕以_이靜_정,

天_천下_하將_장自_자定_정。

욕망 없는 고요

도는 항상 무위하지만
이루어지지 않음이 없다.
통치자가 만일 그 이치를 지킬 수 있다면
만물은 저절로 교화될 것이다.
교화하려 하거나 의욕이 일어나면
나는 아직 이름이 붙지 않은 순박함으로 그것을 억누를 것이다.
아직 이름이 붙지 않은 순박함에서는
또한 욕망도 없다.
욕망하지 않은 채 고요하게 있으면
이 세상은 저절로 안정될 것이다.

第38章

上^상德^덕不^부德^덕, 是^시以^이有^유德^덕。

下^하德^덕不^불失^실德^덕, 是^시以^이無^무德^덕。

上^상德^덕無^무爲^위而^이無^무以^이爲^위,

上^상仁^인爲^위之^지而^이無^무以^이爲^위,

上^상義^의爲^위之^지而^이有^유以^이爲^위,

上^상禮^례爲^위之^지而^이莫^막之^지應^응,

則^즉攘^양臂^비而^이扔^잉之^지。

故^고失^실道^도而^이後^후德^덕,

失^실德^덕而^이後^후仁^인,

失^실仁^인而^이後^후義^의,

失^실義^의而^이後^후禮^례。

夫^부禮^례者^자,

忠^충信^신之^지薄^박, 而^이亂^란之^지首^수。

前^전識^식者^자,

道^도之^지華^화, 而^이愚^우之^지始^시。

是^시以^이大^대丈^장夫^부處^처其^기厚^후,

276

不居其薄。<ruby>불<rt></rt>거<rt></rt>기<rt></rt>박</ruby>

處其實,

不居其華。

故去彼取此。

제38장

버리고 취하는 것

가장 훌륭한 덕은 덕이라고 하지 않는다.

그래서 덕이 있다.

수준 낮은 덕은 덕을 잃지 않으려 한다.

그래서 덕이 없게 된다.

가장 훌륭한 덕은 무위하면서

무엇을 위하여 함이 없다.

가장 훌륭한 인은 그것을 행하되

무엇을 위하여 함이 없다.

가장 훌륭한 의는 그것을 행하면서

무엇을 위하여 한다.

가장 훌륭한 예는 그것을 행하되 따라오지 않으면

팔을 걷어붙이고 억지로 끌어당긴다.

그러므로 도를 잃은 후에 덕이고

덕을 잃은 후에 인이며

인을 잃은 후에 의이고

의를 잃은 후에야 예이다.

대저 예라는 것은

진실하고도 신실한 마음이 얄팍해진 결과이며 혼란의 원인이다.

앞서 있는 인식 체계는

도가 꾸며진 것이자 어리석음의 단초이다.

이렇기 때문에 대장부는 중후함에 처하지

얄팍한 곳에 거하지 않는다.

그 참된 모습에 처하지

그 꾸며진 곳에 거하지 않는다.

그러므로 저것을 버리고 이것을 취한다.

第39章

昔之得一者。
<small>석 지 득 일 자</small>

天得一以淸,
<small>천 득 일 이 청</small>

地得一以寧,
<small>지 득 일 이 녕</small>

神得一以靈,
<small>신 득 일 이 령</small>

谷得一以盈,
<small>곡 득 일 이 영</small>

萬物得一以生,
<small>만 물 득 일 이 생</small>

侯王得一以爲天下正。
<small>후 왕 득 일 이 위 천 하 정</small>

其致之。
<small>기 치 지</small>

天無已淸, 將恐裂,
<small>천 무 이 청　장 공 렬</small>

地無已寧, 將恐發,
<small>지 무 이 녕　장 공 발</small>

神無已靈, 將恐歇,
<small>신 무 이 령　장 공 헐</small>

谷無已盈, 將恐竭,
<small>곡 무 이 영　장 공 갈</small>

萬物無已生將恐滅,
<small>만 물 무 이 생 장 공 멸</small>

侯王無已貴高, 將恐蹶。
<small>후 왕 무 이 귀 고　장 공 궐</small>

故貴以賤爲本,
<small>고 귀 이 천 위 본</small>

高以下爲基。
<small>고 이 하 위 기</small>

是以候王自謂孤寡不穀。
_{시 이 후 왕 자 위 고 과 불 곡}

此非以賤爲本邪? 非乎?
_{차 비 이 천 위 본 사 ? 비 호 ?}

故致數譽無譽。
_{고 치 수 예 무 예}

不欲琭琭如玉, 珞珞如石。
_{불 욕 록 록 여 옥 낙 락 여 석}

제39장

하나를 얻어서

옛날부터 하나를 얻어서 된 것들이 있다.

하늘은 하나를 얻어서 맑고

땅은 하나를 얻어서 안정되며

산은 하나를 얻어서 영험하고

계곡은 하나를 얻어서 채워지며

만물은 하나를 얻어서 살고

통치자는 하나를 얻어서 천하를 올바르게 한다.

경계하는 의미로 그것을 좀 더 설명해보자.

하늘이 끊임없이 청명하기만 하려고 하면

장차 무너져 내릴 것이고,

땅이 끊임없이 안정을 유지하려고만 하면

장차 쪼개질 것이며,

신神이 끊임없이 영험하려고만 하면

장차 사라지게 될 것이고,

계곡이 끊임없이 꽉 채우려고만 들면

장차 말라버릴 것이며,

만물이 끊임없이 살려고만 하면

장차 소멸하게 될 것이고,

통치자가 끊임없이 고귀하고 높게만 행세하려 들면

장차 실각하게 될 것이다.

그러므로 고귀함은 비천함을 뿌리로 하고

높음은 낮음을 기초로 한다.

이 때문에 통치자는 스스로를

고孤, 과寡 그리고 불곡不穀 등으로 낮춰 부르는 것이다.

이것이 비천함을 근본으로 하는 것이 아니겠는가?

정말 그렇지 않은가?

그러므로 몇 가지 명예를 지키려 하다가는

명예 자체가 없어져버린다.

옥처럼 고귀해지려고 하지 말고

돌처럼 소박하라.

第40章

反者, 道之動,
弱者, 道之用。
天下萬物生於有,
有生於無。

제40장

유와 무

반대편으로 향하는 것이 도의 운동 경향이고
유약한 것이 도가 작용하는 모습이다.
만물은 유에서 살고
유는 무에서 산다.

第41章

上士^상聞道^{사 문 도}, 勤而行之^{근 이 행 지}。

中士^{중 사}聞道^{문 도}, 若存若亡^{약 존 약 망}。

下士^{하 사}聞道^{문 도}, 大笑之^{대 소 지}。

不笑不足以爲道^{불 소 부 족 이 위 도}。

故建言有之^{고 건 언 유 지},

明道若昧^{명 도 약 매},

進道若退^{진 도 약 퇴},

夷道若纇^{이 도 약 뢰},

上德若谷^{상 덕 약 곡},

大白若辱^{대 백 약 욕},

廣德若不足^{광 덕 약 부 족},

建德若偸^{건 덕 약 투},

質眞若渝^{질 진 약 투}。

大方無隅^{대 방 무 우},

大器免成^{대 기 면 성},

大音希聲^{대 음 희 성},

大象無形。

道隱無名。

夫唯道,

善始且善成。

제41장

감춰져 드러난

가장 높은 단계의 선비는 도를 들으면

그것을 성실하게 실천하지만,

중간 단계의 선비는 도를 들으면

반신반의하고,

가장 낮은 단계의 선비는 도를 듣고서도

그것을 크게 비웃어버린다.

그런 부류가 비웃지 않는다면

오히려 도라 하기 어려울 것이다.

그래서 다음과 같은 말이 있다.

밝은 길은 어둑한 듯하고

앞으로 나아가는 길은 물러나는 듯하며

평평한 길은 울퉁불퉁한 듯하고

가장 훌륭한 덕은 계곡과 같으며

정말 깨끗한 것은 더러운 듯하고

정말 넓은 덕은 부족한 듯하며

건실한 덕은 게으른 듯하고

정말 참된 것은 변질된 듯하다.

정말 큰 사각형에는 모서리가 없고

정말 큰 그릇은 완성되지 않으며

정말 큰 음은 소리가 없고

정말 큰 형상은 모습이 드러나지 않는다.

도는 감추어져서 이름이 없지만,

오직 도만이

잘 시작하고 잘 끝낼 수 있다.

第42章

道生一,
一生二,
二生三,
三生萬物。
萬物負陰而抱陽,
沖氣以爲和。
人之所惡,
唯孤寡不穀,
而王公以爲稱。
故物或損之而益,
或益之而損。
人之所敎,
我亦敎之。
强梁者不得其死,
吾將以爲敎父。

제42장

음을 진 채 양을

도는 일을 내고,

일은 이를 살리며,

이는 삼을 기르고,

삼은 만물을 이룬다.

만물은 음을 진 채 양을 품고 있는데,

두 기가 서로 만나 조화를 이룬 것이다.

사람들이 싫어하는 것은

특히 고孤와 과寡 그리고 불곡不穀이지만,

오히려 왕은 그것들로 자신의 호칭을 삼는다.

그러므로 만물은 덜어내려 해도

오히려 더해지는 경우가 있고,

더하려 해도 오히려 줄어드는 경우가 있다.

다른 사람들이 가르치는 내용을

나 역시도 가르친다.

굳세고 강한 자는 좋게 죽을 수 없다.

나는 이런 이치를 가르침의 지침으로 삼는다.

第43章

天하지지유
天下之至柔,

치빙천하지지견
馳騁天下之至堅。

무유입무간
無有入無間。

오시이지무위지유익
吾是以知無爲之有益。

불언지교
不言之教,

무위지익
無爲之益,

천하희급지
天下希及之。

제43장

무위의 유익

이 세상에서 가장 부드러운 것이

이 세상에서 가장 견강한 것을 부린다.

형태가 없는 것은 틈이 없는 곳으로도 들어간다.

나는 이런 이치로

무위가 얼마나 유익한 것인지를 안다.

불언으로 하는 가르침이 얼마나 효과가 있고,

무위가 얼마나 유익한지,

세상에 아는 이가 거의 없구나.

第44章

名與身孰親?
^{명 여 신 숙 친}

身與貨孰多?
^{신 여 화 숙 다}

得與亡孰病?
^{득 여 망 숙 병}

是故甚愛必大費,
^{시 고 심 애 필 대 비}

多藏必厚亡。
^{다 장 필 후 망}

知足不辱,
^{지 족 불 욕}

知止不殆,
^{지 지 불 태}

可以長久。
^{가 이 장 구}

제44장

어느 것이 중요한가

명성과 몸, 어느 것이 가까운가?

몸과 재화, 어느 것이 소중한가?

얻음과 잃음, 어느 것이 병인가?

이런 까닭에 애착이 심하면 반드시 큰 대가를 치르고,

많이 쌓아두면 반드시 크게 잃는다.

족함을 알면 욕되지 않고,

멈출 줄 알면 위태롭지 않아

장구할 수 있다.

第45章

大成若缺, 其用不弊.
대 성 약 결 기 용 불 폐

大盈若沖, 其用不窮。
대 영 약 충 기 용 불 궁

大直若屈,
대 직 약 굴

大巧若拙。
대 교 약 졸

大辯若訥。
대 변 약 눌

躁勝寒,
조 승 한

靜勝熱。
정 승 열

清靜爲天下正。
청 정 위 천 하 정

제45장

잘 이뤄진 것은

아주 잘 이뤄진 것은 결함이 있는 듯하지만

그 작용은 어그러지지 않고,

아주 크게 채워진 것은 빈 듯하지만

그 작용은 끝나지 않는다.

아주 똑바른 것은 굽은 듯하고

아주 훌륭한 기교는 서툰 듯하며

아주 훌륭한 논변은 어눌한 듯하다.

움직임은 한기를 이기고

고요함은 열기를 이기니

맑고 고요함이 천하의 올바른 것이다.

第46章

天하유도　각주마이분
天下有道, 却走馬以糞,
천하무도　융마생어교
天下無道, 戎馬生於郊。
죄막후어심욕
罪莫厚於甚欲,
화막대어부지족
禍莫大於不知足,
구막대어욕득
咎莫大於欲得。
고지족지족　상족의
故知足之足, 常足矣。

제46장

만족을 앎

세상에 도가 실현되어 있으면

전쟁에 쓰이던 말로 농사를 짓고,

세상에 도가 실현되어 있지 않으면

말들이 전선에서 새끼를 낳는다.

죄로는 지나친 욕심이 가장 크고,

화로는 족함을 모르는 것이 가장 크며,

허물로는 얻어 가지려고 애쓰는 것이 가장 크다.

그러므로 만족을 앎으로써 얻어지는 만족 때문에

항상 만족스럽다.

第47章

不出户, 知天下,
不闚牖, 見天道。
其出彌遠,
其知彌少。
是以聖人弗行而知,
弗見而明,
弗爲而成。

제47장

보지 않고도

문을 나서지 않고도 세상을 알고,
창문을 통하지 않고도 천도를 본다.
나간 것이 점점 멀어질수록
아는 것은 점점 줄어든다.
이런 이치로 성인은 행하지 않고도 알고,
보지 않고도 명철해지며,
하지 않고도 이룬다.

第48章

爲學日益,
_{위 학 일 익}

爲道日損。
_{위 도 일 손}

損之又損,
_{손 지 우 손}

以至於無爲。
_{이 지 어 무 위}

無爲而無不爲。
_{무 위 이 무 불 위}

取天下常以無事。
_{취 천 하 상 이 무 사}

及其有事,
_{급 기 유 사}

不足以取天下。
_{부 족 이 취 천 하}

제48장

덜고 또 덜어내고

배움을 행하면 날마다 보태지고,

도를 행하면 날마다 덜어진다.

덜고 또 덜어내면

무위의 지경에 이르는구나.

무위를 행하면 되지 않는 일이 없다.

천하를 차지하는 것은

항상 일거리를 없애기 때문이다.

그래서 일거리를 만들면

천하를 차지할 수가 없다.

第49章

聖人常無心,
<ruby>聖<rt>성</rt></ruby><ruby>人<rt>인</rt></ruby><ruby>常<rt>상</rt></ruby><ruby>無<rt>무</rt></ruby><ruby>心<rt>심</rt></ruby>

以百姓心爲心。
<ruby>以<rt>이</rt></ruby><ruby>百<rt>백</rt></ruby><ruby>姓<rt>성</rt></ruby><ruby>心<rt>심</rt></ruby><ruby>爲<rt>위</rt></ruby><ruby>心<rt>심</rt></ruby>

善者, 吾善之,
<ruby>善<rt>선</rt></ruby><ruby>者<rt>자</rt></ruby> <ruby>吾<rt>오</rt></ruby><ruby>善<rt>선</rt></ruby><ruby>之<rt>지</rt></ruby>

不善者, 吾亦善之。
<ruby>不<rt>불</rt></ruby><ruby>善<rt>선</rt></ruby><ruby>者<rt>자</rt></ruby> <ruby>吾<rt>오</rt></ruby><ruby>亦<rt>역</rt></ruby><ruby>善<rt>선</rt></ruby><ruby>之<rt>지</rt></ruby>

德善。
<ruby>德<rt>덕</rt></ruby><ruby>善<rt>선</rt></ruby>

信者, 吾信之,
<ruby>信<rt>신</rt></ruby><ruby>者<rt>자</rt></ruby> <ruby>吾<rt>오</rt></ruby><ruby>信<rt>신</rt></ruby><ruby>之<rt>지</rt></ruby>

不信者, 吾亦信之。
<ruby>不<rt>불</rt></ruby><ruby>信<rt>신</rt></ruby><ruby>者<rt>자</rt></ruby> <ruby>吾<rt>오</rt></ruby><ruby>亦<rt>역</rt></ruby><ruby>信<rt>신</rt></ruby><ruby>之<rt>지</rt></ruby>

德信。
<ruby>德<rt>덕</rt></ruby><ruby>信<rt>신</rt></ruby>

聖人在天下,
<ruby>聖<rt>성</rt></ruby><ruby>人<rt>인</rt></ruby><ruby>在<rt>재</rt></ruby><ruby>天<rt>천</rt></ruby><ruby>下<rt>하</rt></ruby>

歙歙焉,
<ruby>歙<rt>흡</rt></ruby><ruby>歙<rt>흡</rt></ruby><ruby>焉<rt>언</rt></ruby>

爲天下渾其心,
<ruby>爲<rt>위</rt></ruby><ruby>天<rt>천</rt></ruby><ruby>下<rt>하</rt></ruby><ruby>渾<rt>혼</rt></ruby><ruby>其<rt>기</rt></ruby><ruby>心<rt>심</rt></ruby>

百姓皆注其耳目,
<ruby>百<rt>백</rt></ruby><ruby>姓<rt>성</rt></ruby><ruby>皆<rt>개</rt></ruby><ruby>注<rt>주</rt></ruby><ruby>其<rt>기</rt></ruby><ruby>耳<rt>이</rt></ruby><ruby>目<rt>목</rt></ruby>

聖人皆孩之。
<ruby>聖<rt>성</rt></ruby><ruby>人<rt>인</rt></ruby><ruby>皆<rt>개</rt></ruby><ruby>孩<rt>해</rt></ruby><ruby>之<rt>지</rt></ruby>

제49장

성인의 마음

성인은 항상 자신의 마음을 갖지 않고,

백성들의 마음을 마음으로 삼는다.

착한 사람에게 착하게 대하고,

착하지 않은 사람에게도 착하게 대한다.

그러면 세상의 덕이 선해진다.

미더운 사람에게 믿음으로 대하고,

미덥지 않은 사람에게도 믿음으로 대한다.

그러면 세상의 덕이 신뢰로 가득 찬다.

성인은 세상에 있으면서

자신의 의지를 거두어들이고,

세상을 위하여 자신의 마음을 흐릿하게 한다.

그러면 백성들은 그들의 눈과 귀를 그쪽으로 돌리니,

성인은 모두 그들을 어린애 상태로 회복시켜준다.

第50章

出生入死。
_{출생입사}

生之徒, 十有三,
_{생지도 십유삼}

死之徒, 十有三。
_{사지도 십유삼}

而民生生,
_{이민생생}

動皆之死地之十有三。
_{동개지사지지십유삼}

夫何故?
_{부하고}

以其生生。
_{이기생생}

蓋聞善攝生者,
_{개문선섭생자}

陵行不避兕虎,
_{육행불피시호}

入軍不被甲兵。
_{입군불피갑병}

兕無所投其角,
_{시무소투기각}

虎無所措其爪,
_{호무소조기조}

兵無所容其刃。
_{병무소용기인}

夫何故?
_{부하고}

以其無死地。
_{이기무사지}

제50장

사는 길과 죽는 길

사는 길을 떠나 죽는 길로 들어서는구나.

삶의 부류가 열에 셋이고,

죽음의 부류가 열에 셋이다.

그런데 사람들은 사는 일에 더욱 열중하지만,

하는 일마다 모두 죽는 길로 가는 것이 또 열에 셋이구나.

왜 그런가?

지나치게 삶을 좋게 하려 하기 때문이다.

듣자 하니 삶을 잘 기른 사람들은

험한 산길을 가면서도 코뿔소나 호랑이를 피하지 않고,

군대에 가더라도 갑옷으로 무장하지 않는다.

코뿔소는 그 뿔을 박을 곳이 없고

호랑이는 발톱을 쓸 곳이 없으며

적군은 칼을 겨눌 곳이 없다.

왜 그런가?

죽음에 이르는 여지를 없애버렸기 때문이다.

第51章

德^덕畜^축之^지。

物^물形^형之^지,

器^기成^성之^지。

是^시以^이萬^만物^물尊^존道^도而^이貴^귀德^덕。

道^도之^지尊^존, 德^덕之^지貴^귀,

夫^부莫^막之^지命^명而^이常^상自^자然^연。

故^고道^도生^생之^지, 德^덕畜^축之^지,

長^장之^지育^육之^지,

亭^정之^지毒^독之^지,

養^양之^지覆^복之^지。

生^생而^이弗^불有^유,

爲^위而^이弗^불恃^시,

長^장而^이弗^불宰^재。

是^시謂^위玄^현德^덕。

제51장

도와 덕

도는 낳고 덕은 기른다.
만물이 모양을 갖추고
기물은 이루어진다.
그래서 만물은
도를 높게 대하고 덕을 고귀하게 대한다.
도는 높고 덕은 고귀하지만,
만물에 군림을 하지 않고
항상 저절로 되어가게 놔둔다.
그러므로 도는 낳고 덕은 기른다.
기르고 양육하며
안정시키고 성숙시키며
돌보고 덮어준다.
무엇을 낳고도 그것을 소유하지 않고
무엇을 하고도 그것을 자랑하지 않으며
무엇을 길러주고도 그것을 주재하려 들지 않는다.
이것을 현덕이라고 한다.

第52章

천하유시
天下有始,

이 위 천 하 모
以爲天下母。

기 득 기 모
旣得其母,

이 지 기 자
以知其子。

기 지 기 자
旣知其子,

복 수 기 모
復守其母,

몰 신 불 태
沒身不殆。

색 기 태 폐 기 문
塞其兌, 閉其門,

종 신 불 근
終身不勤。

개 기 태 제 기 사
開其兌, 濟其事,

종 신 불 구
終身不救。

견 소 왈 명
見小曰明,

수 유 왈 강
守柔曰强。

용 기 광 복 귀 기 명
用其光, 復歸其明,

무 유 신 앙
無遺身殃。

시 위 습 상
是爲襲常。

제52장

이 세계의 진상

이 세계에는 시작이 있는데

그것이 이 세계의 어머니 같은 역할을 한다.

만일 이 세계의 진상에 대한 통찰을 얻으면

그것을 통해 현상 세계를 알 수 있다.

현상 세계를 알고 나서

다시 세계의 진상을 지키는 데로 돌아간다면,

죽을 때까지 위태롭지 않을 것이다.

세계와 통하는 구멍과 문을 모두 막고 폐쇄해버리면,

죽을 때까지 힘들지 않을 것이다.

세계와 통하는 구멍을 활짝 열고 복잡한 일거리를 늘린다면,

죽을 때까지 구원받지 못할 것이다.

아주 작은 것을 볼 줄 아는 것을 명이라 하고

부드러움을 잘 지키는 것을 강이라 한다.

그 지혜의 빛을 사용하되 명으로 귀결되면

자신에게 어떠한 재앙도 남지 않는데,

이것이 바로 습상이라는 것이다.

第53章

使我介然有知，
行於大道。
唯施是畏。
大道甚夷，
而民好徑。
朝甚除，
田甚蕪，
倉甚虛。
服文綵，
帶利劍，
厭飲食，
財貨有餘。
是謂盜夸。
非道也哉!

대도와 비탈길

나에게 조그마한 지혜나마 허락된다면

대도를 걷도록 하겠다.

오직 나쁜 길로 들까 봐 두려울 따름이다.

대도는 매우 평이한데

사람들은 비탈길을 좋아하는구나.

조정은 심하게 썩었고

전답은 극히 황폐하며

창고는 텅텅 비었다.

수놓은 비단 옷을 입고

날카로운 검을 차며

좋은 음식에도 물리고

재화는 남아돈다.

바로 도둑의 수괴 같은 꼴이구나.

대도가 아니로다!

第54章

善建者不拔,

善抱者不脫,

子孫以祭祀不輟。

修之於身,其德乃眞。

修之於家,其德乃餘。

修之於鄉,其德乃長。

修之於邦,其德乃豐。

修之於天下,其德乃普。

故以身觀身,

以家觀家,

以鄉觀鄉,

以國觀國,

以天下觀天下。

吾何以知天下然哉?

以此。

제54장

잘 심어진 것

잘 심어진 것은 뽑히지 않고

잘 껴안은 것은 벗겨지지 않아,

자손 대대로 계속 이어진다.

자신에게서 그것을 닦으면 그 덕이 진실해지고,

집안에서 그것을 닦으면 그 덕이 넉넉해지며,

동네에서 그것을 닦으면 그 덕이 오래오래 보존되고,

나라에서 그것을 닦으면 그 덕이 풍성해지며,

천하에서 그것을 닦으면

그 덕이 모두에게 골고루 펼쳐질 것이다.

그러므로 자신은 자신으로 보고,

집안은 집안으로 보며,

동네는 동네로 보고,

나라는 나라로 보며,

천하는 천하로 본다.

내가 어떻게 천하가 그러함을 알겠는가?

바로 이런 방식을 가지고서이다.

第55章

含德之厚,
^{함 덕 지 후}

比於赤子。
^{비 어 적 자}

蜂蠆虺蛇弗螫,
^{봉 채 훼 사 불 석}

攫鳥猛獸弗搏。
^{확 조 맹 수 불 박}

骨弱筋柔而握固,
^{골 약 근 유 이 악 고}

未知牝牡之會而朘怒,
^{미 지 빈 모 지 회 이 전 로}

精之至也。
^{정 지 지 야}

終日號而不嗄,
^{종 일 호 이 불 사}

和之至也。
^{화 지 지 야}

和曰常,
^{화 왈 상}

知常曰明,
^{지 상 왈 명}

益生曰祥,
^{익 생 왈 상}

心使氣曰强。
^{심 사 기 왈 강}

物壯則老,
^{물 장 즉 노}

謂之不道,
^{위 지 부 도}

不道早已。
^{부 도 조 이}

조화를 알면

덕을 두텁게 함장하고 있는 사람은

갓난애에 비견된다.

벌이나 전갈이나 독사도 그를 물지 않고

사나운 새나 맹수도 그를 덮치지 않는다.

뼈는 약하고 근육은 부드러워도 쥐기는 잘하며

남녀 사이의 교합을 알지 못해도 고추가 발기하는 것은

정기가 지극하기 때문이다.

종일 울어도 목이 쉬지 않는 것은

조화가 지극한 상태로 유지되기 때문이다.

조화가 바로 불변하는 원리이고

불변하는 원리를 아는 것이 명철함이다.

생을 이롭게 하려고 덧붙이는 것을 괴이하다 하고

마음이 기를 부리는 것을 굳세다고 한다.

사물은 기세등등하면 바로 늙어가는데

그것은 도를 따르는 모습이 아니기 때문이다.

도를 따르지 않으면 일찍 끝나버린다.

第56章

<ruby>知<rt>지</rt></ruby><ruby>者<rt>자</rt></ruby><ruby>弗<rt>불</rt></ruby><ruby>言<rt>언</rt></ruby>, <ruby>言<rt>언</rt></ruby><ruby>者<rt>자</rt></ruby><ruby>弗<rt>불</rt></ruby><ruby>知<rt>지</rt></ruby>。

知者弗言, 言者弗知。
塞其兌, 閉其門,
挫其銳, 解其分,
和其光, 同其塵。
是謂玄同。
故不可得而親,
不可得而疏,
不可得而利,
不可得而害,
不可得而貴,
不可得而賤。
故爲天下貴。

제56장

아는 자는

아는 자는 말하지 않고, 말한 자는 알지 못한다.

그 구멍을 막고 그 문을 폐쇄하며

그 날카로움을 꺾고 그 구분을 해소하며

그 빛을 조화시키고 그 세속에 같아진다.

이것을 현동이라고 한다.

그러므로 친할 수도 없고

소원할 수도 없으며

이로울 수도 없고

해로울 수도 없으며

귀할 수도 없고

천할 수도 없다.

그러므로 천하에서 귀하게 된다.

第57章

以正治國,

以奇用兵,

以無事取天下。

吾何以知其然哉?

以此。

天下多忌諱, 而民彌叛,

民多利器, 國家滋昏,

人多智, 奇物滋起,

法物滋彰, 盜賊多有。

故聖人云,

我無爲而民自化,

我好靜而民自正,

我無事而民自富,

我無欲而民自樸。

제57장

나라를 다스리는 법

올바름으로 나라를 다스리고
기이함으로 군사를 움직이며
무사함으로 천하를 차지한다.
내가 무엇을 근거로 그러하다는 것을 알겠는가?
이러한 것들을 가지고서이다.
세상에 금기가 많으면 많을수록
백성들은 점점 등을 돌리고,
백성들에게 날카로운 도구가 많으면 많을수록
나라는 점점 혼란해지며,
사람들에게 아는 것이 많으면 많을수록
이상한 것이 점점 많아지고,
좋은 것이 드러나면 드러날수록
도적은 더욱 많아진다.
그러므로 성인은 다음과 같이 말한다.
내가 무위하면
백성들은 저절로 교화되고,

내가 고요함을 좋아하면
백성들은 저절로 올바르게 되며,
내가 일거리를 만들지 않으면,
백성들은 저절로 부유해지고,
내가 무욕하면
백성들은 저절로 질박해진다.

第58章

其政悶悶, 其民淳淳,
<small>기 정 민 민 기 민 순 순</small>

其政察察, 其民缺缺。
<small>기 정 찰 찰 기 민 결 결</small>

禍兮, 福之所倚。
<small>화 혜 복 지 소 의</small>

福兮, 禍之所伏。
<small>복 혜 화 지 소 복</small>

孰知其極?
<small>숙 지 기 극</small>

其無正。
<small>기 무 정</small>

正復爲奇,
<small>정 복 위 기</small>

善復爲妖。
<small>선 복 위 요</small>

人之迷, 其日固久!
<small>인 지 미 기 일 고 구</small>

是以聖人方而不割,
<small>시 이 성 인 방 이 불 할</small>

廉而不劌,
<small>염 이 불 귀</small>

直而不肆,
<small>직 이 불 사</small>

光而不燿。
<small>광 이 불 요</small>

정해진 것은

그 정치가 어눌하면 그 백성들은 순박해지고
그 정치가 빈틈이 없으면 그 백성들은 교활해진다.
화로구나! 거기에는 복이 기대어져 있다.
복이로구나! 거기에는 화가 잠복해 있다.
누가 그 궁극을 알겠는가?
정해져 있는 것은 없다.
바르게 되어 있는 것은 다시 기이한 것이 되고,
좋은 것은 다시 요상한 것이 되니,
사람이 미혹된 채 보낸 날이 아주 오래되었구나!
그래서 성인은 방정하되 가르지 않고
예리하되 찌르지 않으며
솔직하되 멋대로 하지 않고
빛나되 눈부시지 않는다.

第59章

治人事天莫若嗇。
치 인 사 천 막 약 색

夫唯嗇,
부 유 색

是以早服。
시 이 조 복

早服謂之重積德。
조 복 위 지 중 적 덕

重積德則無不克。
중 적 덕 즉 무 불 극

無不克則莫知其極。
무 불 극 즉 막 지 기 극

莫知其極, 可以有國,
막 지 기 극 가 이 유 국

有國之母, 可以長。
유 국 지 모 가 이 장

是謂深根固柢,
시 위 심 근 고 저

長生久視之道。
장 생 구 시 지 도

제59장

오로지 아끼다

백성들을 다스리고 자신을 닦는 데는
아끼는 것이 제일이다.
오로지 아낀다.
이로써 일찍이 따른다.
일찍이 따른다는 것은
끝없이 덕을 쌓음을 말한다.
끝없이 덕을 쌓으면
하지 못할 일이 없다.
하지 못할 일이 없으면
그 한계를 알 수 없다.
그 한계를 알 수 없으면
나라를 차지할 수 있고,
나라를 지키는 도를 가지고 있으면
오랫동안 유지할 수 있다.
이것이 바로 뿌리를 깊고 튼튼하게 하며,
장구하게 유지하는 이치이다.

第60章

治大國, 若烹小鮮。

以道莅天下, 其鬼不神。

非其鬼不神, 其神不傷人。

非其神不傷人, 聖人亦不傷人。

夫兩不相傷, 故德交歸焉。

제60장

작은 생선 굽듯

큰 나라를 다스릴 때는

작은 생선을 굽듯이 한다.

도에 근거하여 천하를 통치하면

귀신이 신통력을 발휘하지 못한다.

귀신이 신통력을 발휘하지 못할 뿐만 아니라

신도 사람을 해치지 못한다.

신이 사람을 해치지 못할 뿐만 아니라

성인 역시 사람을 해치지 못한다.

무릇 이 둘이 해치지 못하는 까닭에

덕이 모두 사람들에게로 돌아간다.

第61章

大국자하류야
大國者下流也,

천하지빈
天下之牝,

천하지교야
天下之交也。

빈상이정승모
牝常以靜勝牡,

위기정야
爲其靜也。

고의위하
故宜爲下。

고대국이하소국 즉취소국
故大國以下小國, 則取小國,

소국이하대국 즉취어대국
小國以下大國, 則取於大國,

고혹하이취 혹하이취
故或下以取, 或下而取。

대국불과욕겸축인
大國不過欲兼畜人,

소국불과욕입사인
小國不過欲入事人。

부량자각득기소욕
夫兩者各得其所欲,

대자의위하
大者宜爲下。

제61장
자신을 낮추기

큰 나라는 낮은 곳으로 흘러

천하를 품는 암컷이 되고

천하가 교차하며 모여드는 곳이 된다.

암컷은 항상 정적인 성질로 수컷을 이기는데,

그 정적인 성질을 발휘해서 반드시 자신을 낮추게 되기 때문이다.

그러므로 큰 나라가 자신을 낮추어 작은 나라를 대하면

작은 나라를 취하게 되고,

작은 나라가 자신을 낮추어 큰 나라를 대하면

큰 나라로부터 많은 것을 얻을 수 있다.

그러므로 어떤 경우는 낮춤으로써 취하게 되고

어떤 경우는 낮추어서 많은 것을 얻는다.

큰 나라는 작은 나라의 백성들을 영도하려 할 뿐이고,

작은 나라는 큰 나라에 들어가

그 사람들을 섬기려고 할 뿐인데,

무릇 양쪽 모두 자신들이 원하는 것을 얻고자 할 때,

가장 중요한 것은 자신을 낮춰야 한다는 것이다.

第62章

道者, 萬物之注。

善人之寶,

不善人之所保。

美言可以市,

尊行可以加人。

人之不善,

何棄之有?

故立天下, 置三公,

雖有拱璧以先駟馬,

不如坐進此道。

古之所以貴此道者何?

不曰以求得, 有罪以免邪?

故爲天下貴。

제62장

만물이 의지하는 것

도라는 것은

모든 만물이 모여들어 의지하는 것이다.

이는 좋은 사람들에게는 보배이며

그렇지 않은 사람들도 보전해야만 할 것이다.

번지르르한 말이라도 장사는 잘할 수 있고

권위적인 행동도 사람에게 영향은 줄 수 있으니,

사람들에게 있는 좋지 않은 것이라고 해서

어찌 그것을 버리는 일이 있겠는가?

그러므로 천자를 세우고 삼공을 설치하는데,

비록 큰 옥을 앞세우고 수레를 뒤따르게 하는

헌상의 예를 올린다 하더라도,

가만히 앉아서 이런 도를 바치는 것만은 못하다.

옛날부터 이 도를 귀하게 여기는 까닭은 무엇인가?

구하는 모든 것이 그것을 통해 얻어지고

죄도 그것을 통해서 면해지기 때문이 아니겠는가?

그러므로 천하의 귀한 것이 된다.

第63章

爲無爲,
_{위 무 위}

事無事,
_{사 무 사}

味無味。
_{미 무 미}

大小多少,
_{대 소 다 소}

報怨以德。
_{보 원 이 덕}

圖難於其易,
_{도 난 어 기 이}

爲大於其細。
_{위 대 어 기 세}

天下難事, 必作於易,
_{천 하 난 사 필 작 어 이}

天下大事, 必作於細。
_{천 하 대 사 필 작 어 세}

是以聖人終不爲大,
_{시 이 성 인 종 불 위 대}

故能成其大。
_{고 능 성 기 대}

夫輕諾必寡信,
_{부 경 낙 필 과 신}

多易必多難。
_{다 이 필 다 난}

是以聖人猶難之,
_{시 이 성 인 유 난 지}

故終無難矣。
_{고 종 무 난 의}

어려운 일과 쉬운 일

무위의 방식을 행하며

일거리를 없애는 태도로 일을 하고

정해진 맛이 없는 것을 참맛으로 안다.

작은 것을 크게 보고, 적은 것을 많게 보며,

원한을 덕으로 갚는다.

어려운 일을 하려는 자는 그 쉬운 일부터 하고

큰 일을 하는 자는 그 작은 일부터 한다.

세상의 어려운 일은 반드시 쉬운 일에서부터 시작되고,

세상의 큰 일은 반드시 작은 일에서부터 일어난다.

이런 이치로 성인은 끝끝내 일을 크게 벌이지 않는다.

그래서 결국에는 큰 일을 이룰 수 있게 되는 것이다.

대개 쉽게 하는 승낙에는 믿음이 부족하고,

사태를 너무 쉽게 보면

반드시 많은 어려움에 봉착하게 된다.

이런 이치로 성인은 오히려 모든 일을 어렵게 대한다.

그래서 종내 어려움이 없게 되는 것이다.

第64章

<ruby>其<rt>기</rt></ruby><ruby>安<rt>안</rt></ruby><ruby>易<rt>이</rt></ruby><ruby>持<rt>지</rt></ruby>, <ruby>其<rt>기</rt></ruby><ruby>未<rt>미</rt></ruby><ruby>兆<rt>조</rt></ruby><ruby>易<rt>이</rt></ruby><ruby>謀<rt>모</rt></ruby>。

기 안 이 지, 기 미 조 이 모
其安易持, 其未兆易謀。

기 취 이 반, 기 미 이 산
其脆易泮, 其微易散。

위 지 어 미 유, 치 지 어 미 란
爲之於未有, 治之於未亂。

합 포 지 목, 생 어 호 말
合抱之木, 生於毫末,

구 층 지 대, 기 어 누 토
九層之臺, 起於累土,

천 리 지 행, 시 어 족 하
千理之行, 始於足下。

위 자 패 지, 집 자 실 지
爲者敗之, 執者失之。

시 이 성 인 무 위 고 무 패
是以聖人無爲故無敗,

무 집 고 무 실
無執故無失。

민 지 종 사, 상 어 기 성 이 패 지
民之從事, 常於幾成而敗之。

신 종 여 시, 칙 무 패 사
愼終如始, 則無敗事。

시 이 성 인 욕 불 욕
是以聖人欲不欲,

불 귀 난 득 지 화
不貴難得之貨,

학 불 학, 복 중 인 지 소 과
學不學, 復衆人之所過。

이 보 만 물 지 자 연
以輔萬物之自然,

이 불 감 위
而不敢爲。

잃지 않는 법

안정되어 있을 때 유지하기가 쉽고,

아직 무슨 조짐이 보이지 않을 때 도모하기가 쉽다.

취약할 때 나누기가 쉽고,

미세할 때 흐트러뜨리기가 쉽다.

그래서 무슨 사태가 아직 발생하지 않았을 때 타당하게 처리하고,

혼란이 아직 드러나지 않았을 때 잘 다스려야 한다.

몇 아름이나 되는 나무라도

작은 싹으로부터 자라나고,

아주 높은 건물이라도

삼태기 하나 분량의 흙으로 시작되며,

천 리나 가는 먼길도

한 발자국에서 시작된다.

의도를 가지고 유위적으로 무슨 일을 하는 자는

결국 그것을 망치게 되고,

꽉 잡고 집착하는 자는

결국 그것을 잃게 된다.

그래서 성인은 무위를 행하기 때문에 망치지 않고

집착하지 않기 때문에 잃지 않는다.

보통 사람들이 일하는 것을 보면

거의 완성 단계에서 실패하는데,

처음 시작할 때처럼 신중하게 끝을 맺으면

일을 망치는 법이 없을 것이다.

그래서 성인은 욕망하지 않기를 욕망하고

얻기 어려운 재화를 귀하게 여기지 않으며

배우지 않는 태도를 배워

대중들의 잘못을 구제한다.

이렇게 함으로써

만물이 자연스럽게 발전하게 도와주지,

함부로 자신의 의도를 개입시키는 유위적 행위를 하지 않는다.

第65章

古^고之^지善^선爲^위道^도者^자,

古之善爲道者,

非以明民,

將以愚之。

民之難治,

以其智多。

故以智治國, 國之賊,

不以智治國, 國之福。

知此兩者亦稽式。

常知稽式, 是謂元德。

玄德, 深矣, 遠矣。

與物反矣,

然後乃至大順。

지혜와 우직

옛날에 도를 잘 실천하는 사람은

백성들을 명민하도록 하지 않고

우직하도록 한다.

백성들을 다스리기 어려운 것은

그 지혜가 많기 때문이다.

그러므로 지로써 나라를 다스리는 것은

나라에 해가 되고,

지로써 나라를 다스리지 않는 것은

나라에 복이 된다.

이 두 가지를 아는 것이 또한 중요한 기준이다.

언제나 이 기준을 알고 있는 것을 현덕이라 한다.

현덕은 심원하다.

사물들과는 반대되지만

그런 후에 아주 크게 순리롭다.

第66章

江海所以能爲百谷王者,

以其善下之。

故能爲百谷王。

是以欲上民,

必以言下之。

欲先民,

必以身後之。

是以聖人處上而民不重,

處前而民不害。

是以天下樂推而不厭。

以其不爭,

故天下莫能與之爭。

제66장

위에 서고 싶다면

강과 바다가 온갖 계곡 물의 왕이 될 수 있는 까닭은
잘 낮추기 때문이다.
그러므로 온갖 계곡 물의 왕이 될 수 있다.
이러하기 때문에
백성들 위에 서고 싶으면
반드시 자신을 낮추는 말을 써야 하고,
백성들 앞에 서고 싶으면
반드시 자신을 뒤로 해야 한다.
이로써 성인은 위에 있어도
백성들이 부담스러워하지 않고,
앞에 있어도
백성들이 거추장스럽게 생각하지 않는다.
그래서 온 천하가 즐겁게 밀어주고 싫증을 내지 않는다.
이렇게 하여 그는 다투지 않는다.
그러므로 온 천하가 그와 다툴 수 없다.

第67章

天下皆謂我大, 大而不肖,
夫唯不肖, 故能大。
若肖, 久矣其細也夫。
我有三寶, 持而保之。
一曰慈,
二曰儉,
三曰不敢爲天下先。
慈故能勇,
儉故能廣,
不敢爲天下先,
故能爲成器長。
今舍慈且勇,
舍儉且廣,
舍後且先,
死矣。
夫慈以戰則勝,

以守則固,
天將救之,
以慈衛之。

제67장

위대한 보물

온 세상 사람들이 모두 나를 위대하다고 하는데
위대하다 하더라도 그렇게 보이지는 않는다.
오직 그렇게 보이지 않기 때문에
능히 위대해질 수 있다.
만약 그렇게 보였다면 오래전에 이미
별 볼 일 없는 사람이 되었을 것이다.
나는 세 가지 보물을 가지고 있는데
그것을 잘 지키고 보존한다.
첫째는 자애로움이고
둘째는 검약함이며
셋째는 감히 세상을 위하여
앞으로 나서지 않는다는 것이다.
자애롭기 때문에 용기를 낼 수 있고
검약하기 때문에 넓어질 수 있으며
감히 세상을 위하여 앞으로 나서지 않기 때문에
온 세상의 지도자가 될 수 있다.

지금 자애로움을 버리고서 용기를 내거나

검약함을 버리고서 넓히려 하고

뒤로 물러서는 덕성을 버리고서 이끌려고 하는 것은

바로 죽음의 길이 될 것이로다.

무릇 자애로움을 가지고 싸우면 이기고

자애로움을 가지고 지키면 견고하다.

하늘이 장차 누군가를 구하려 한다면

자애로움으로 그를 지켜줄 것이다.

第68章

善爲士者不武,

善戰者不怒,

善勝敵者弗與,

善用人者爲之下。

是謂不爭之德,

是謂用人之力,

是謂配天之極。

싸우지 않는 덕

장수 노릇을 잘하는 자는
무용으로 넘쳐나지 않고,
전쟁을 잘 수행하는 자는
분노를 폭발시키지 않으며,
적을 잘 이기는 자는
적에 맞서 싸우지 않고,
사람을 잘 부리는 자는
그들을 위해 자신을 낮춘다.
이것이 싸우지 않는 덕이라고 하는 것이고
이것이 사람을 부리는 힘이라는 것이며
이것이 천도에 부합하는 궁극적인 방침이라는 것이다.

第69章

用兵有言。

吾不敢爲主而爲客,

不敢進寸而退尺。

是謂行無行,

攘無臂,

執無兵,

扔無敵。

禍莫大於輕敵,

無敵幾喪吾寶。

故抗兵相加,

哀者勝矣。

적이 없다는 것

용병술에 다음과 같은 말이 있다.

"나는 과감한 주체가 되기보다는 객체가 되며,

과감한 일촌一寸의 전진보다는 일척一尺을 후퇴한다."

이것은 진용을 갖춰 싸우려고 하나

펼쳐진 진용이 없고,

팔을 걷어붙이고 겨루려 하나

부딪칠 팔뚝이 없고,

무장을 하고 싸우려 하나

물리칠 병사가 없으니,

끌고 와서 대적하려 해도

적으로 상대할 만한 대상이 아예 없는 꼴이다.

화는 적이 없는 것만큼 큰 것이 없다.

적이 없다는 것은 나에게 있는 보배가 거의 없어진 것이다.

그러므로 비슷한 힘의 군대가 서로 겨룰 때는

자애로운 자가 이긴다.

第70章

^{오언심이지}
吾言甚易知,

^{심이행}
甚易行。

^{천하막능지}
天下莫能知,

^{막능행}
莫能行。

^{언유종}
言有宗,

^{사유군}
事有君。

^{부유무지}
夫唯無知,

^{시이불아지}
是以不我知。

^{지아자희}
知我者希,

^{즉아자귀}
則我者貴。

^{시이성인피갈이회옥}
是以聖人被褐而懷玉。

제70장

이해하지 못하는구나

내 말은 이해하기도 아주 쉽고
행하기도 아주 쉬운데,
세상에서는 이해하지도 못하고
행하지도 못하는구나.
말에는 종지가 있고
실천 방안에는 근거가 있음에도,
그러함을 알지 못하기 때문에
나를 이해하지 못하는구나.
나를 이해하는 자도 드물고
나를 따르는 자도 보기 힘들다.
그래서 도를 체득한 사람은
갈포를 걸친 채 옥을 품고 있는 것이다.

第71章

知不知, 上。

不知知, 病。

聖人不病,

以其病病,

是以不病。

모르는 사람의 병

아는 사람은 잘 모르겠다 하는데
이것이 최상의 덕이다.
잘 모르는 사람은 오히려 안다고 하는데
이것은 병이다.
성인은 이런 병을 앓지 않는데,
병을 병으로 알기 때문이다.
이 때문에 병이 되지 않는 것이다.

第72章

민 불 외 위
民不畏威,

즉 대 위 지
則大威至。

무 압 기 소 거
無押其所居,

무 염 기 소 생
無厭其所生。

부 유 불 염
夫唯不厭,

시 이 불 염
是以不厭。

시 이 성 인 자 지 부 자 견
是以聖人自知不自見,

자 애 부 자 귀
自愛不自貴,

고 거 피 취 차
故去彼取此。

제72장

힘들게 하지 않으면

백성들이 위엄을 두려워하지 않으면
진실로 큰 위엄이 설 것이다.
그들의 거처를 핍박하지 말 것이며
그들의 삶을 힘들게 하지 말라.
힘들게 하지 않으면
싫어하지 않을 것이다.
이런 이치로 성인은
자신을 알지만 자신을 드러내지 않으며,
자신을 아끼지만 자신을 존귀하게 만들지 않는다.
그러므로 저것을 버리고 이것을 취한다.

第73章

<ruby>勇<rt>용</rt></ruby><ruby>於<rt>어</rt></ruby><ruby>敢<rt>감</rt></ruby><ruby>則<rt>즉</rt></ruby><ruby>殺<rt>살</rt></ruby>,

勇於不敢則活。

此兩者,

或利或害。

天之所惡,

孰知其故?

是以聖人猶難之。

天之道,

不爭而善勝,

不言而善應,

不召而自來,

繟然而善謀。

天網恢恢,

疏而不失。

용기와 망설임

과감하게 하는 용기가 있으면 죽고
과감하게 하지 않는 용기가 있으면 산다.
이 두 가지에서
어떤 것은 이롭고 어떤 것은 해롭다.
자연이 싫어하는 것에 대하여
누가 그 이유를 알겠는가?
그래서 성인은 오히려 망설인다.
천도는
다투지 않고도 잘 이기고
개념화하지 않고도 잘 반응하며
부르지 않아도 저절로 오고
여유 있게 잘 도모한다.
자연의 망은 넓고도 넓다.
듬성듬성하지만 빠뜨리는 것은 없다.

第74章

民不畏死,

奈何以死懼之?

若使民常畏死而爲奇者,

吾得執而殺之,

孰敢?

常有司殺者殺。

夫代司殺者殺,

是謂代大匠斲。

夫代大匠斲者,

希有不傷其手矣。

제74장

죽음을 관장하는 것

백성들이 죽음을 두려워하지 않으면
어찌 죽인다는 것으로 그들을 두렵게 할 수 있겠는가?
만약 백성들로 하여금 항상 죽음을 두려워하게 하면
이상한 짓을 하는 자를 내가 잡아서 죽인다고 할 때
누가 감히 그런 짓을 하겠는가?
항상 죽이는 일을 관장하는 자가 있어서 죽이는데
죽이는 일을 관장하는 자를 대신하여 죽이는 것은
목수를 대신해서 나무를 베는 것과 같은 말이다.
대저 목수를 대신해서 나무를 베는 자는
그 손을 다치지 않는 경우가 드물다.

第75章

民之饑,
민 지 기

以其上食稅之多,
이 기 상 식 세 지 다

是以饑。
시 이 기

民之難治,
민 지 난 치

以其上之有爲,
이 기 상 지 유 위

是以難治。
시 이 난 치

民之輕死,
민 지 경 사

以其上求生之厚,
이 기 상 구 생 지 후

是以輕死。
시 이 경 사

夫唯無以生爲者,
부 유 무 이 생 위 자

是賢於貴生。
시 현 어 귀 생

제75장

위에서 유위를 행하면

백성들이 굶주리는 것은

위에서 세금을 많이 거두어 가기 때문이다.

그래서 굶주린다.

백성들을 다스리기 힘든 것은

위에서 유위를 행하기 때문이다.

그래서 다스리기 어렵다.

백성들이 죽음을 가벼이 여기는 것은

위에서 잘 살려고 하기 때문이다.

그래서 죽음을 가벼이 여긴다.

대저 잘 살려고 하지 않는 것이

삶을 고귀하게 하려는 것보다 낫다.

第76章

人之生也柔弱,
인 지 생 야 유 약

其死也堅强。
기 사 야 견 강

萬物草木之生也柔脆,
만 물 초 목 지 생 야 유 취

其死也枯槁。
기 사 야 고 고

故堅强者死之徒,
고 견 강 자 사 지 도

柔弱者生之徒。
유 약 자 생 지 도

是以兵强則滅,
시 이 병 강 즉 멸

木强則折。
목 강 즉 절

强大處下,
강 대 처 하

柔弱處上。
유 약 처 상

제76장

강한 것과 유약한 것

사람이 살아 있으면 부드럽지만

죽으면 뻣뻣해진다.

만물 초목도 살아 있으면 유연하지만

죽으면 딱딱해진다.

그러므로 뻣뻣한 것은 죽어 있는 무리이고

부드러운 것은 살아 있는 무리이다.

이런 이치로 보면

군대도 견강하면 패하고

나무도 강하면 부러진다.

강대한 것은 하위에 처하고

유약한 것이 상위에 처한다.

第77章

天^천之^지道^도, 其^기猶^유張^장弓^궁與^여!

高^고者^자抑^억之^지,

下^하者^자擧^거之^지。

有^유餘^여者^자損^손之^지,

不^부足^족者^자補^보之^지。

天^천之^지道^도,

損^손有^유餘^여而^이補^보不^부足^족。

人^인之^지道^도,

則^칙不^불然^연。

損^손不^부足^족以^이奉^봉有^유餘^여。

孰^숙能^능有^유餘^여以^이奉^봉天^천下^하?

唯^유有^유道^도者^자。

是^시以^이聖^성人^인爲^위而^이弗^불有^유,

功^공成^성而^이弗^불居^거,

其^기不^불欲^욕見^견賢^현。

제77장

자연의 도와 인간의 도

자연의 도는 마치 활을 당기는 것 같구나!

높으면 눌러주고

낮으면 들어준다.

남는 것은 덜어내고

부족한 것은 보태준다.

자연의 도는

남은 것을 덜어서 부족한 것을 채우는데,

인간의 도는 그렇지 않다.

부족한 데서 덜어내어 여유 있는 쪽을 봉양한다.

누가 남는 것을 가지고 천하를 봉양할 수 있겠는가?

오직 도를 체득한 자만이 그렇게 할 수 있다.

이런 이치로 성인은

무엇을 하고도 그것을 소유하지 않으며

공이 이루어져도 거기에 거하지 않는다.

그것은 자신의 나은 점을

보이고 싶어 하지 않기 때문이다.

第78章

<ruby>天<rt>천</rt>下<rt>하</rt>莫<rt>막</rt>柔<rt>유</rt>弱<rt>약</rt>於<rt>어</rt>水<rt>수</rt></ruby>,
<ruby>而<rt>이</rt>攻<rt>공</rt>堅<rt>견</rt>强<rt>강</rt>者<rt>자</rt>莫<rt>막</rt>之<rt>지</rt>能<rt>능</rt>勝<rt>승</rt></ruby>,
<ruby>以<rt>이</rt>其<rt>기</rt>無<rt>무</rt>以<rt>이</rt>易<rt>역</rt>之<rt>지</rt></ruby>。
<ruby>弱<rt>약</rt>之<rt>지</rt>勝<rt>승</rt>强<rt>강</rt></ruby>,
<ruby>柔<rt>유</rt>之<rt>지</rt>勝<rt>승</rt>剛<rt>강</rt></ruby>。
<ruby>天<rt>천</rt>下<rt>하</rt>莫<rt>막</rt>弗<rt>불</rt>知<rt>지</rt></ruby>,
<ruby>莫<rt>막</rt>能<rt>능</rt>行<rt>행</rt></ruby>。
<ruby>是<rt>시</rt>以<rt>이</rt>聖<rt>성</rt>人<rt>인</rt>云<rt>운</rt></ruby>,
<ruby>受<rt>수</rt>國<rt>국</rt>之<rt>지</rt>垢<rt>구</rt></ruby>, <ruby>是<rt>시</rt>謂<rt>위</rt>社<rt>사</rt>稷<rt>직</rt>主<rt>주</rt></ruby>,
<ruby>受<rt>수</rt>國<rt>국</rt>之<rt>지</rt>不<rt>불</rt>祥<rt>상</rt></ruby>, <ruby>是<rt>시</rt>謂<rt>위</rt>天<rt>천</rt>下<rt>하</rt>王<rt>왕</rt></ruby>。
<ruby>正<rt>정</rt>言<rt>언</rt>若<rt>약</rt>反<rt>반</rt></ruby>。

제78장

정면으로 하는 말

세상에서는 물이 가장 유약하지만,
공력이 아무리 굳세고 강한 것이라도
그것을 이겨내지 못한다.
그러므로 어떤 경우에도
이런 이치를 가벼이 보아서는 안 된다.
약한 것이 강한 것을 이기고,
부드러운 것이 굳센 것을 이긴다.
세상 사람들은 그것을 모르지 않으면서도
행하지를 못하는구나.
이런 까닭에 성인이 말하기를,
나라의 허물을 받아들이니
사직의 주인이라 하고,
나라의 상서롭지 못한 것을 받아들이니
천하의 왕이라 하는 것이다.
정면으로 하는 옳은 말인데 그 반대처럼 들린다.

第79章

和大怨,

必有餘怨,

安可以爲善?

是以聖人執左契,

而不責於人。

有德司契,

無德司徹。

天道無親,

常與善人。

제79장

계약서와 행적

큰 원망을 해소한다 해도
반드시 남는 원망이 있으리니
어찌 선이 될 수 있겠는가?
그래서 성인은 채무자 같은 태도를 가지고서
다른 사람을 책망하지 않는다.
덕이 있는 사람은 계약서를 따지고
덕이 없는 사람은 행적을 따진다.
자연의 이치는 편애함이 없으나
항상 착한 사람과 함께한다.

第80章

<ruby>小國寡民<rt>소 국 과 민</rt></ruby>。

<ruby>使有什佰之器而不用<rt>사 유 십 백 지 기 이 불 용</rt></ruby>,

<ruby>使民重死而不遠徙<rt>사 민 중 사 이 불 원 사</rt></ruby>。

<ruby>雖有舟輿<rt>수 유 주 여</rt></ruby>, <ruby>無所乘之<rt>무 소 승 지</rt></ruby>,

<ruby>雖有甲兵<rt>수 유 갑 병</rt></ruby>, <ruby>無所陳之<rt>무 소 진 지</rt></ruby>。

<ruby>使人復結繩而用之<rt>사 인 부 결 승 이 용 지</rt></ruby>。

<ruby>甘其食<rt>감 기 식</rt></ruby>,

<ruby>美其服<rt>미 기 복</rt></ruby>,

<ruby>安其居<rt>안 기 거</rt></ruby>,

<ruby>樂其俗<rt>낙 기 속</rt></ruby>。

<ruby>隣國相望<rt>인 국 상 망</rt></ruby>,

<ruby>鷄犬之聲相聞<rt>계 견 지 성 상 문</rt></ruby>,

<ruby>民至老死<rt>민 지 노 사</rt></ruby>, <ruby>不相往來<rt>불 상 왕 래</rt></ruby>。

제80장

나라를 작게 하면

나라를 작게 하고 백성의 수를 적게 하라.

많은 도구가 있더라도 쓸 일이 없게 하고,

백성들로 하여금 죽음을 중히 생각하여

멀리 가지 않도록 한다.

배와 수레가 있더라도 탈 일이 없고

군대가 있더라도 펼칠 일이 없다.

백성들로 하여금 결승 문자를 회복하여 쓰게 한다.

그 음식을 맛있어하고

그 옷을 곱다고 여기며

그 거처를 편안해하고

그 풍속에 기꺼워한다.

옆 나라끼리 서로 바라다보이고,

개 짖는 소리나 닭 우는 소리가 서로 들려도,

백성들은 늙어 죽을 때까지 서로 왕래하지 않는다.

第81章

信^신言^언不^불美^미,
美^미言^언不^불信^신。
善^선者^자不^불辯^변,
辯^변者^자不^불善^선。
知^지者^자不^부博^박,
博^박者^자不^부知^지。
聖^성人^인不^부積^적,
旣^기以^이爲^위人^인,
己^기愈^유有^유,
旣^기以^이與^여人^인,
己^기愈^유多^다。
天^천之^지道^도,
利^이而^이不^불害^해,
人^인之^지道^도,
爲^위而^이弗^불爭^쟁。

374

제81장

모두 베풀어도 갖게 되는

미더운 말은 번지르르하지 않고
번지르르한 말은 미덥지 않다.
선량한 사람은 따지지 않고
따지는 사람은 선량하지 않다.
아는 자는 넓지 않고
넓은 자는 알지 못한다.
성인은 쌓아두지 않고,
다른 사람에게 모두 베푸는데
자기가 오히려 더 갖게 되고,
다른 사람에게 모두 줘버리는데
자기 것은 오히려 더 많아진다.
자연의 도는
이롭게 해주면서 해를 끼치지 않고,
인간의 도는
일을 하면서도 그것을 고려하지 않는다.

나 홀로 읽는 도덕경

초판 1쇄 발행일 2021년 3월 31일
초판 8쇄 발행일 2023년 9월 27일

지은이 최진석

발행인 윤호권
사업총괄 정유한

발행처 ㈜시공사 **주소** 서울시 성동구 상원1길 22, 6-8층(우편번호 04779)
대표전화 02-3486-6877 **팩스(주문)** 02-585-1755
홈페이지 www.sigongsa.com / www.sigongjunior.com

글 ⓒ 최진석, 2021

ISBN 979-11-6579-505-4 03100

*시공사는 시공간을 넘는 무한한 콘텐츠 세상을 만듭니다.
*시공사는 더 나은 내일을 함께 만들 여러분의 소중한 의견을 기다립니다.
*잘못 만들어진 책은 구입하신 곳에서 바꾸어 드립니다.

WEPUB 원스톱 출판 투고 플랫폼 '위펍' _wepub.kr
위펍은 다양한 콘텐츠 발굴과 확장의 기회를 높여주는
시공사의 출판IP 투고·매칭 플랫폼입니다.